10

VENCENDO A OSTEOPOROSE

Especialistas de vanguarda mostram
como tratar, controlar e evitar a osteoporose

Um livro moderno com as mais recentes
descobertas sobre como deter e reverter
o processo da perda de cálcio nos ossos.

Harris H. McIlwain, M.D.
Debra Fulghum Bruce
Joel C. Silverfield, M.D.
Michael C. Burnette, M.D.
Bernard F. Germain, M.D.

VENCENDO A OSTEOPOROSE

Especialistas de vanguarda mostram como tratar, controlar e evitar a osteoporose

Tradução
ZILDA HUTCHINSON SCHILD SILVA

EDITORA CULTRIX
São Paulo

Título do original:
Winning with Osteoporosis

Edição	Ano
1-2-3-4-5-6-7-8-9	96-97-98-99

Direitos de tradução para o Brasil
adquiridos com exclusividade pela
EDITORA CULTRIX LTDA.
Rua Dr. Mário Vicente, 374 – 04270-000 – São Paulo, SP – Fone: 272-1399
que se reserva a propriedade literária desta tradução.

Impresso em nossas oficinas gráficas.

Dedicado aos que querem saber que
a prevenção e o tratamento da osteoporose
são possíveis e para Linda e Bob, por seu
constante apoio e estímulo.

Prefácio

"Dolorosamente caro": Foi assim que uma paciente descreveu seu recente internamento de nove dias num hospital, depois de fraturar a bacia. Doloroso, porque a fratura causada pela osteoporose tornou-lhe difícil sentar-se e, mais ainda, movimentar-se; caro, porque a longa estada custou a ela e à companhia seguradora mais de 30 mil dólares.

Enquanto o nosso país tenta controlar a vertiginosa elevação dos preços com os cuidados pessoais de saúde, estamos procurando meios de diminuir a necessidade de dispendiosas permanências em hospitais devido a acidentes graves. Agora talvez seja possível, antes de mais nada, evitar que acidentes como as fraturas decorrentes da osteoporose aconteçam.

A osteoporose é uma doença brutal que resulta em fraturas dolorosas e debilitantes. À medida que o mal progride, os ossos vão ficando fracos e quebradiços. Embora a osteoporose afete mais de trinta milhões de norte-americanos, ela agora pode ser prevenida e até mesmo tratada com êxito. Fraturas que antes provocavam dores intensas e internamentos caros em hospitais agora podem ser controladas.

Ainda não se conhece a cura, mas existem meios de dizer se você corre o risco de contrair a doença anos antes que ela se torne visível. Entender a osteoporose permitirá que você comece o processo de prevenção. Se já tiver o mal, é possível detectá-lo no início, permitindo o tratamento. Este tratamento funciona e pode melhorar muito o seu futuro, retardando ou detendo o processo da doença. É *você* quem decide.

Os fatos parecem assustadores:

- 20% das pessoas com fraturas de bacia podem precisar internar-se numa clínica de tratamento ou recorrer a auxílio médico por mais de um ano.
- 20% das pessoas talvez não possam andar no primeiro ano.

- Até 50% das pessoas talvez nunca mais possam andar tão bem quanto antes.
- 20% podem morrer no primeiro ano devido a múltiplos problemas de saúde.

Cada um desses resultados implica um grande custo humano que torna a prevenção e o tratamento da osteoporose um objetivo que vale a pena. Os encargos financeiros motivados por essa doença são altos. Nos Estados Unidos, as fraturas custam mais do que dez bilhões de dólares por ano, sendo os custos de fraturas da bacia maiores do que sete bilhões! Também há muitos custos indiretos, incluindo tratamento em clínicas, além da perda da capacidade para exercer as atividades diárias.

A osteoporose é a principal responsável por mais de 80% das fraturas de bacia. Se parte dessa porcentagem de fraturas puder ser evitada, a redução de despesas médicas e de sofrimento será grande. Se não tomarmos uma atitude é provável que as despesas médicas com osteoporose continuem a subir.

Quem corre o risco de desenvolver osteoporose? Embora a osteoporose possa atingir qualquer um, o risco da doença e das conseqüentes fraturas é maior para as pessoas acima de 65 anos de idade. Como a nossa população está se tornando mais longeva, com o tempo haverá mais pessoas correndo esse risco. Na virada do século, estima-se que cerca de 50 milhões de norte-americanos terão 65 anos ou mais. Uma em cada seis pessoas terá mais do que 65 anos — o dobro do número atual. Se não reduzirmos o número de fraturas da bacia, só a despesa direta com este único problema poderá exceder 20 bilhões de dólares a cada ano. Os custos totais seriam ainda mais altos.

O primeiro passo para diminuir as despesas com fraturas e com os cuidados da saúde é a educação para a prevenção da osteoporose e seu tratamento. O conhecimento dos fatores de risco, um plano de prevenção e os mais recentes métodos de tratamento podem reduzir significativamente o custo total do nosso tratamento.

Este livro mostra os fatos mais recentes e ensina os passos que você pode dar para entender o seguinte:

- O que é osteoporose.
- A quem a doença afeta.
- Como dizer se você corre o risco de contrair o mal.

- Como dizer se você já tem a doença.
- Passos necessários à prevenção.
- Os melhores tratamentos disponíveis.

Nenhum método de tratamento é solução para todas as pessoas. Embora os tratamentos sugeridos neste livro não curem a osteoporose, eles ajudarão a aliviar sua dor e desconforto físico, a manter ou melhorar sua mobilidade, e a deter a perda de cálcio dos ossos antes que seja tarde demais.

Finalmente, este livro não é um substituto para o cuidado médico. Depois de lê-lo, converse com o seu médico e escolha um programa pessoal que o satisfaça e lhe permita começar a lidar com a sua osteoporose.

Agradecimentos

Gostaríamos de lembrar o trabalho das inúmeras pessoas que tornaram este livro possível: Francis I. Barford, L. O. T. R.; Arthur Frommor, editor de viagem; Roy E. Fulghum; Susan Haley, R. D.; Dorothy P. Judson; Mary A. Sprinkle, R. D.; Lori F. Steinmeyer, M. S.; R. D.; L. D.; Vicki K. Winsor, R. P. T.

A todas essas pessoas talentosas, manifestamos o nosso mais profundo reconhecimento.

Marcas registradas

Advil é marca registrada de Whitehall Laboratories, Inc.
Alkamints é marca registrada de Miles Inc. Consumer Healthcare Division.
Anacin é marca registrada de Whitehall Laboratories, Inc.
Arby's é marca registrada de Arby's, Inc.
Aristocort é marca registrada de Lederle Laboratories; uma divisão da American Cyanimid Company.
Aygestin é marca registrada de Ayerst Laboratories Division of American Home Products Corporation.
Banquet é marca registrada da Conagra Frozen Foods.
Big Mac é marca registrada de McDonalds.
Biocal é marca registrada de Miles, Inc. Consumer Healthcare Division.
Breakfast Croissan'wich é marca registrada de Burger King.
Buster Bar é marca registrada de International Dairy Queen.
Calciferol é marca registrada de Kremers-Urban Company.
Calcimar é marca registrada de USV Laboatories Division of USV Pharmaceuticals Corp.
Calcet é marca registrada de Mission Pharmaceutical Company.
Cal-Sup é marca registrada de 3M Corporation.
Campbells é marca registrada de Campbell Soup Company.
Celeste é marca registrada de Quaker Oats Company.
Celestone é marca registrada de Schering Corporation.
Danny in a Cup é marca registrada de Dannon Company, Inc.
Darvon é marca registrada de Eli Lilly and Company.
Decadron é marca registrada de Merck Sharp & Dohme Division of Merck & Co., Inc.
Del Monte é marca registrada de Del Monte Corporation.
Dical-D é marca registrada de Abbot Laboratories Pharmaceutical Products Division.
Dilly Bar é marca registrada de International Dairy Queen.
Dorcol é marca registrada de Sandoz Consumer Health Care Group Division of Sandoz, Inc.
Egg McMuffin é marca registrada de McDonalds.
Estrace é marca registrada de Mead Johnson, Bristol-Meyers, U.S. Pharmaceuticals, and Nutritional Group.
Estraderm é marca registrada de Ciba Pharmaceutical Company Division of Ciba-Geigy Corporation.
Estratab é marca registrada de Reid-Rowell.
Estrovis é marca registrada de Parke-Davis Division of Warner-Lambert Company.
French Toast Sticks é marca registrada de Burger King.

Franco American é marca registrada de Campbell Soup Company.
Great Danish é marca registrada de Burger King.
Heinz é marca registrada de H. J. Heinz Company.
Lactaid é marca registrada de Lactaid Inc.
Medipren é marca registrada de McNeil Consumer Products Company.
Medrol é marca registrada de Upjohn Company.
Mr. Misty é marca registrada de International Dairy Queen.
Neo-Glucagon é marca registrada de Sandoz Consumer Health Care Group Division of Sandoz, Inc.
Nuprin é marca registrada de Bristol-Meyers Products Division of Bristol-Meyers Co.
Ogen é marca registrada de Abbott Laboratories, Pharmaceuticals Products Division.
Pizza Hut é marca registrada de Pizza Hut of America, Inc.
Premarin é marca registrada de Ayerst Laboratories; Division of American Home Products Corporation.
Sealtest é marca registrada de Kraft, Inc.
Swanson é marca registrada de Campbell Soup Company.
Taco Bell é marca registrada de Taco Bell Corporation.
Titralac é marca registrada de 3M Corporation.
Tylenol é marca registrada de McNeil Consumer Products Company.
Wendy's é marca registrada de Wendy's International, Inc.
Whaler é marca registrada de Burger King.
Whopper é marca registrada de Burger King.
Yoplait é marca registrada de Yoplait, USA, Inc.

Sumário

Introdução: O que é osteoporose

Quando disseram a uma senhora de 63 anos, depois de lhe fazerem um teste de densidade óssea, que ela havia perdido 35% do cálcio dos ossos de sua bacia, ela ficou chocada; "Perder tecido ósseo? Como isso é possível?" — perguntou, preocupada.

A verdade é que o nosso corpo está constantemente formando novos ossos e desgastando os velhos! Nas pessoas mais jovens, a renovação do cálcio dos ossos é maior do que o desgaste, o que resulta no crescimento dos ossos e do esqueleto. Depois que alcançamos a maturidade, aos 30 ou 40 anos, o desgaste de cálcio se torna gradativamente maior do que a formação de tecido ósseo. Em resultado, diminui a quantidade total de cálcio nos ossos.

A osteoporose provém dessa gradual rarefação dos ossos em nosso corpo. É comum que uma mulher de 60 anos perca 20% ou mais da quantidade de tecido ósseo que tinha no corpo quando era mais jovem. Algumas condições fazem com que a perda de tecido ósseo ocorra mais cedo ou mais rapidamente. Na verdade, essa perda é muito comum e usualmente é considerada *normal* no processo de envelhecimento. Essa perda *não deve ser aceita* como normal ou necessária, assim como as fraturas não devem ser consideradas parte normal do envelhecimento.

Se a rarefação do tecido ósseo continuar por um certo número de anos, será perdido o suficiente para o esqueleto se tornar mais fraco e os ossos se quebrarem com facilidade.

Com todos os avanços da medicina moderna, homens e mulheres têm vida mais longa. Isso significa mais anos durante os quais continua a perda gradual de tecido ósseo. Finalmente, a perda é tão grande que fraturas acontecem mesmo quando os acidentes são de menor gravidade. Depois de muitos anos, até uma tensão normal sobre os ossos, como a causada pelo ato de sentar-se ou levantar-se, ou uma tensão menor, como quando a pessoa se inclina ou se ergue, podem provocar fraturas. Depois de ocorrerem várias fraturas, pode surgir a dor intensa e constante, a deformidade e até mesmo a paralisia.

25% das mulheres com mais de 60 anos têm fraturas na espinha causadas pela osteoporose. Quase 40% têm alguma fratura depois dos 65 anos. A fratura na espinha é provocada pela perda de altura de uma de suas vértebras; em geral, ela parece estar comprimida, se observada na chapa de raios X (Figura 1). Com a idade de 75 anos, 50% das mulheres sofrem de compressão na espinha.

Se essas pessoas pudessem prevenir ou tratar a osteoporose, imaginem quanto se poderia evitar de dor, sofrimento e despesas! Aliás, a prevenção e o tratamento da osteoporose *são possíveis*!

A osteoporose pode ser dividida em quatro estágios — desde o 1º estágio, quando ainda nem pode ser detectada, até o 4º, com fraturas crônicas e deformidades. Veja na Tabela 1 a evolução dos estágios da osteoporose e os correspondentes sintomas. À medida que você compreender qual estágio do desenvolvimento da osteoporose se adapta melhor à sua situação, as normas para prevenção e tratamento se tornam fáceis de entender e seguir. Isso lhe permitirá ter a certeza de que está recebendo o melhor tratamento disponível (ver Figura 2).

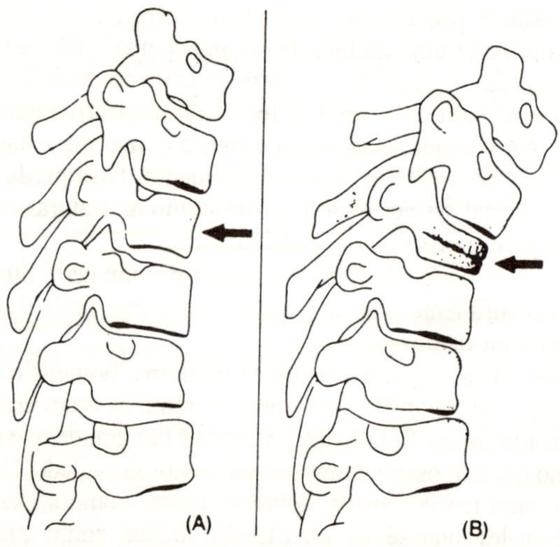

Figura 1. (A) espinha normal; (B) espinha com fratura de compressão. Note o encurtamento da vértebra e a curva anormal da espinha.

Tabela 1
A evolução da osteoporose

Estágio	Início	
1º estágio	Começa algum tempo depois de atingir a idade adulta (30-40 anos)	Antes que se detecte a osteoporose
2º estágio	Idade de 35-55	A osteoporose torna-se detectável
3º estágio	45 anos ou mais	A osteoporose provoca fratura óssea
4º estágio	55 anos ou mais	Osteoporose com dor crônica e deformidade

O 1º estágio é o período que antecede a possibilidade de se detectar a osteoporose. Em algum ponto, depois que chegamos à idade de adultos jovens, existe no corpo um gradual decréscimo na quantidade ou densidade óssea total. Essa perda é gradativa e não é possível detectá-la por um bom número de anos. Durante este tempo, o corpo continua sempre formando e eliminando tecido ósseo. O equilíbrio entre os dois processos se inverte lentamente, de tal modo que, aos poucos, mais tecido ósseo é eliminado do que formado. Os ossos ainda são fortes, não causam nenhuma dor ou fratura inusitada. Quanto maior a quantidade de tecido ósseo presente no início desse estágio (quanto mais densos os ossos), maior será a duração da densidade óssea.

Se de algum modo pudéssemos detectar o início desse processo e começar o tratamento, provavelmente o resultado seria muito mais positivo do que é hoje. Nesse período o mal é imperceptível e não há absolutamente meios de lhe dizer, pelo modo como se sente, ou através do mais exaustivo exame, se o processo está acontecendo. Até esse teste tornar-se disponível, há bons indícios para predizer quais pessoas correm grande risco de desenvolver a osteoporose mais tarde. Se você tiver um ou mais dos fatores de risco mencionados no Capítulo Três e se seguir as diretrizes para prevenção, poderá evitar o surgimento da osteoporose ou retardá-lo por muitos anos. Infelizmente, o 1º estágio é aquele em que a prevenção seria mais eficaz, mas o problema é menos notado.

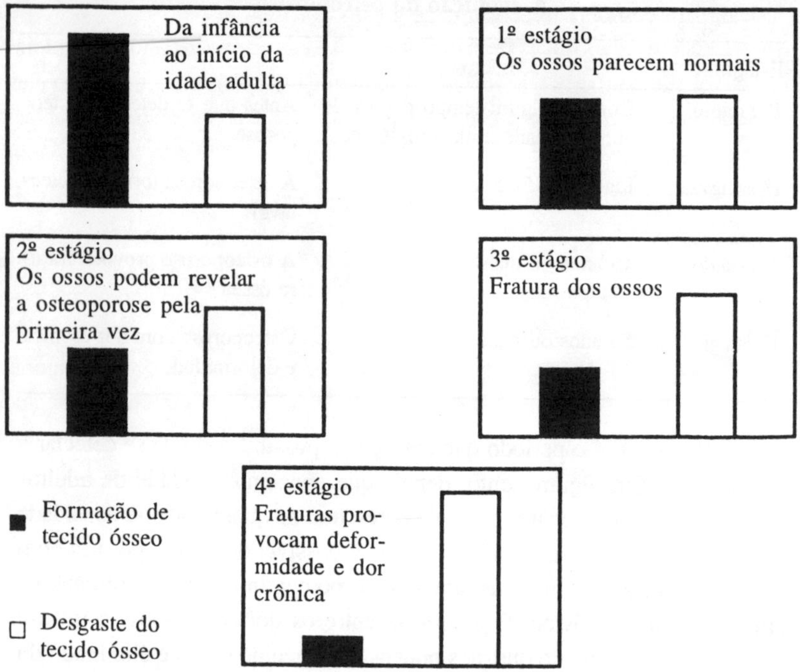

Figura 2. Gráficos mostrando a evolução da osteoporose em quatro estágios.

O 2º estágio em geral começa algum tempo depois que a pessoa completa 35 anos. A perda real e gradual de cálcio nos ossos estendeu-se durante um bom número de anos; porém os ossos restantes ainda são suficientemente fortes, e por isso não acontecem fraturas incomuns. Naturalmente, no caso de acidentes graves podem ocorrer fraturas, mas ainda assim elas não são causadas por pequenos traumatismos. Pode-se continuar com as mesmas atividades que se vinha exercendo até então. A menos que você saiba que corre alto nível de risco, ainda não há sinal ou sensação que lhe permita saber se tem osteoporose ou se sofrerá futuras fraturas. No entanto, nesse estágio a osteoporose se revela pela primeira vez num teste. Exames radiográficos de rotina podem lhe mostrar uma fratura de compressão na espinha ou acusar o decréscimo de densidade em algum osso. O problema é que antes que a radiografia seja capaz de detectar a osteoporose, cerca de

30% do tecido ósseo já se perdeu! A radiografia não é um modo muito eficaz para descobrir precocemente a osteoporose.

Existem testes que podem detectar a osteoporose no estágio mais inicial possível. Ainda é difícil predizer se realmente haverá fraturas e quando elas poderão acontecer. Mas os testes podem dizer com precisão (se houver) quanta osteoporose já existe. O melhor de tudo é que esses testes podem descobrir a osteoporose *anos* antes de acontecerem as fraturas. Então o tratamento pode começar a fortalecer os ossos, prevenindo as fraturas. E o tratamento funciona! O Capítulo Quatro explica os testes.

O 3º estágio — osteoporose com fraturas ósseas — muitas vezes começa por volta dos 55 anos ou mais, embora possa ocorrer mais cedo se um ou dois fatores de risco estiverem presentes. Como se pode dizer agora, o processo da osteoporose já estava presente há muitos anos. No 3º estágio, os ossos se tornam tão fracos que acidentes que antes desse estágio nem eram notados agora provocam a fratura de um osso. Essa fratura é mais comum na espinha, especialmente na parte inferior das costas ou na parte lombar da espinha, na bacia e nos pulsos. O problema básico é que se perdeu tecido ósseo o bastante para provocar o enfraquecimento do osso restante. A menor queda ou acidente resulta em fratura. Este é o estágio em que o osso da bacia pode se quebrar devido à osteoporose. A pessoa pode cair *porque* o quadril se quebra. Muitas vezes deixa-se de ver isso — presume-se que a pessoa caiu primeiro!

Atendemos uma senhora de 55 anos muito ativa, independente, que cuidava dos próprios negócios. Ela era saudável e não tinha limitações até dez meses antes. Nessa ocasião, ela sofreu uma queda sem importância, quando tropeçou num desnível de cerca de 2,5cm na calçada. Desde essa ocasião, ela sentia fortes dores nas costas. Submetida a raios X, descobriu-se que tinha osteoporose em estágio adiantado e duas fraturas na vértebra espinhal. A osteoporose já existia há muitos anos! Se soubesse disso anos antes, ela poderia ter evitado o problema.

Outras áreas do corpo podem ser afetadas pelas fraturas do 3º estágio. Qualquer osso pode ser atingido, inclusive os dos pés, tornozelos, ombros, pulsos e pélvis. Se em virtude da fratura se descobrir a existência da osteoporose, pode-se iniciar o tratamento. Então, felizmente, previnem-se outras fraturas paralisantes.

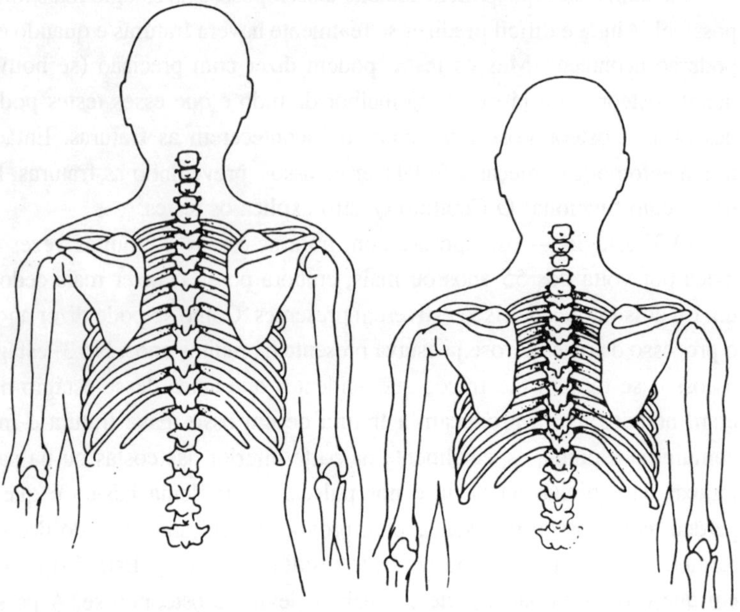

Figura 3. Perda de altura decorrente do encurtamento da espinha.

Se o processo da osteoporose continua, os ossos ficam mais finos a cada ano que passa. O 4º estágio pode começar depois dos 55 anos, ou ocorrer mais cedo, caso haja muitos fatores de risco. No 4º estágio sobrevêm mais fraturas, em geral cada vez mais dolorosas. As áreas mais comumente atingidas localizam-se ainda na espinha, especialmente no centro e na parte inferior das costas, denominadas espinhas torácica e lombar. Como cada fratura de vértebra da espinha faz com que esta se torne pouco mais curta, quanto mais fraturas a pessoa sofre mais ela irá tendo perda de altura.

Esta é uma das razões pelas quais as pessoas mais idosas muitas vezes ficam mais baixas. Estima-se que uma fratura de compressão numa das vértebras da espinha provoca uma perda média de altura de cerca de 0,5 cm, ou de um quarto de polegada (Figura 3).

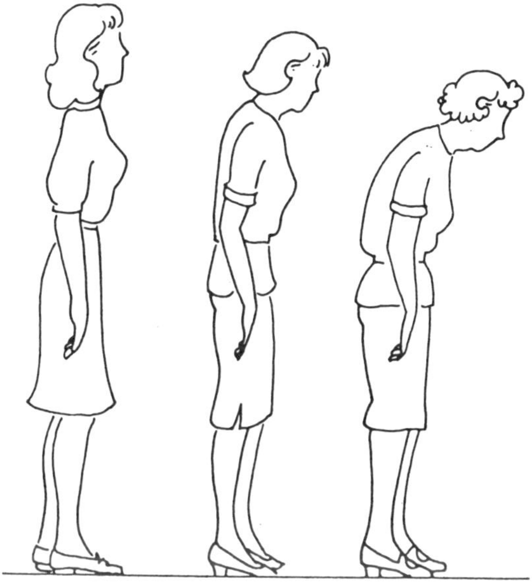

Figura 4. Uma jovem, uma mulher de meia-idade e uma senhora idosa mostrando a curvatura da espinha e a perda de altura provocada pela osteoporose.

É fácil ver por que, depois de alguns anos, pode-se perder alguns centímetros na altura.

Além disso, o formato da espinha pode mudar. Freqüentemente as fraturas podem fazer com que o corpo da vértebra, que normalmente é quadrado, passe a ter forma de cunha, à medida que se comprime, forçado pelo peso do corpo (ver Figura 1).

O resultado é a conhecida "corcunda" e, finalmente, uma aparência curvada. Na verdade, essa é a conseqüência final de muitos anos de osteoporose. Portanto, o quadro habitualmente exibido de uma senhora com osteoporose, com o dorso curvado, mostra um estágio avançado do problema (Figura 4).

Fraturas da bacia são muito comuns. O fato é que na verdade há vários tipos diferentes de fraturas, normalmente na parte superior do grande osso da coxa, o fêmur (Figura 5).

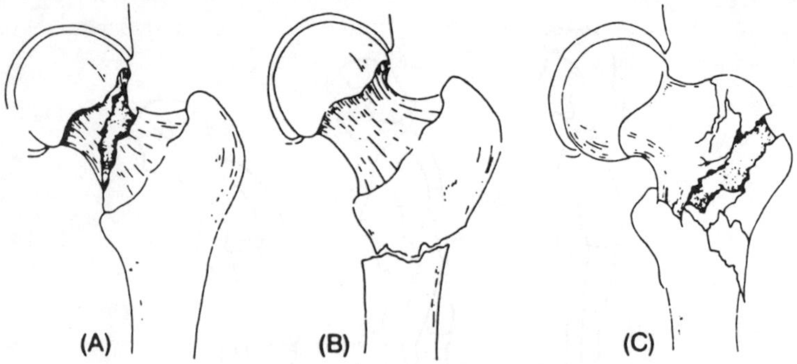

Figura 5. Três dos tipos mais comuns de fratura da bacia.

A fratura real pode acontecer em uma de várias partes do osso. Os graves resultados das fraturas da bacia foram analisados anteriormente.

As fraturas podem ocorrer nos ossos pélvicos, depois de uma queda, e resultarem em grande sofrimento no baixo-ventre, na área pélvica e na virilha. Essas fraturas em geral requerem dias ou semanas de cama, ou internação em hospital.

Conforme este estágio se torna mais grave, começam a acontecer fraturas menos comuns. Há pouco tempo atendemos um paciente que teve fratura de costela depois de tossir! Uma senhora com um sério quadro de osteoporose devido à idade de 62 anos, que sofria de grave artrite e fora tratada durante muito tempo com cortisona, recentemente teve de se internar num hospital com fraturas nos quadris, necessitando de cirurgia. Devido às fraturas vertebrais, ela havia perdido 7,5cm na altura.

Como se poderia esperar, depois de algumas fraturas, além da deformação, a dor se torna constante e intensa. A dor quase sempre se concentra no centro e na parte inferior das costas. Aos poucos, essa dor constante começa a se tornar um problema de graves proporções. Andar torna-se cada vez mais difícil devido à dor nas costas e à postura curvada. As costelas se aproximam mais dos ossos pélvicos, enquanto a espinha se curva cada vez mais (Figura 6). A deformidade das costas pode fazer o abdômen parecer ser empurrado para a frente — e isso é doloroso.

Analgésicos, e até mesmo narcóticos, em geral não proporcionam muito alívio. O 4º estágio representa muita dificuldade para o paciente e para o médico. No entanto, mesmo nesse estágio existe tratamento disponível para ajudar a evitar futuras fraturas e para minimizar a dor.

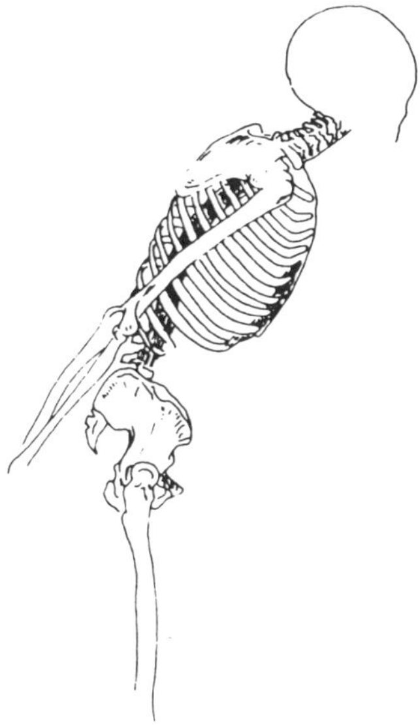

Figura 6. Cifoescoliose. Note que as costelas inferiores quase tocam o osso pélvico.

O que provoca a osteoporose?

Não existe uma causa única para a osteoporose. A maioria das pessoas afetadas apresenta muitos fatores que contribuem para a doença. Há pessoas que têm maior tendência para desenvolver a osteoporose do que outras. Se os fatores de risco da doença fossem detectados, seria possível avisar que essas pessoas correm um perigo maior. Esses fatores serão apresentados no Capítulo Dois.

Parece haver fatores comuns nas pessoas atingidas pela doença; por exemplo, muitos pacientes fumam, têm peso inferior à média, e sua dieta possui baixo teor de cálcio. Com freqüência é possível tratar esses fatores de risco, contudo eles têm de ser detectados logo. Se pudéssemos identificar bem cedo as pessoas que correm o risco de desenvolver a osteoporose, o tratamento adequado poderia retardar ou evitar o desenvolvimento do problema. Assim também diminuiria a chance de terem ossos quebrados, perda de altura e risco de invalidez.

O sistema hormonal feminino, especialmente o estrógeno, é importante na formação do tecido ósseo. À medida que a quantidade de estrógeno diminui devido à menopausa, maior é a perda de tecido ósseo, menos tecido ósseo é formado, e os ossos muitas vezes ficam mais fracos. Se a menopausa ocorrer cedo, a osteoporose também pode se iniciar mais cedo.

Há fatores hereditários ou genéticos. Por exemplo, mulheres brancas parecem mais sujeitas à osteoporose, sendo que os homens brancos correm menos riscos. Mulheres afro-americanas têm menos osteoporose e menos fraturas do que mulheres brancas, e os homens afro-americanos parecem ter ainda menor quantidade de osteoporose e de fraturas. Não se conhecem os motivos exatos dessas variações.

Outros problemas podem aumentar o risco da osteoporose. Pessoas magras têm mais osteoporose do que pessoas com excesso de peso. Parece que o consumo exagerado de bebidas alcoólicas e do fumo também aumenta a chance de desenvolver osteoporose.

Atividade — especialmente atividade de condicionamento físico estimula definitivamente a formação de novo tecido ósseo. Isso foi demonstrado em animais. Já se sabe há anos que pacientes imobilizados na cama, e até mesmo astronautas saudáveis em vôos espaciais destituídos de gravidade, ficam com os ossos mais finos. Os atletas em geral têm ossos mais fortes do que as pessoas que não praticam esportes; contudo, o treinamento excessivo nas mulheres pode, na verdade, provocar mais osteoporose.

Descobriu-se que mulheres que participam de treinamento físico rígido, como corridas prolongadas de longa distância, podem ter períodos menstruais menos regulares. A menstruação pode até mesmo parar temporariamente, como resultado das mudanças nos níveis de estrógenos provocadas pelo treinamento físico. Essas mudanças hormonais, em alguns casos podem resultar em perda de massa óssea, osteoporose e fraturas.

Outras causas da osteoporose serão debatidas neste livro. Algumas doenças podem aumentar a possibilidade de osteoporose se desenvolver.

Nenhuma das teorias recentes explica completamente a doença da osteoporose. Futuras pesquisas chegarão mais perto de uma definição das suas causas e, felizmente, permitirão que se desenvolva um tratamento melhor.

Se você conhecer os fatores de risco, poderá começar a tratar e a corrigir os problemas. Decida qual estágio define melhor a sua situação e siga as diretrizes descritas nos Capítulos Quatro e Cinco para a prevenção e tratamento da osteoporose. Quanto mais cedo os fatores de risco forem descobertos e outros problemas de saúde corrigidos, melhor será a prevenção. Se a osteoporose já estiver presente, você pode começar um tratamento que dá certo. Os ossos podem ficar mais fortes, o que irá diminuir a probabilidade de fraturas no futuro.

SUMÁRIO

1. Nosso corpo constantemente forma e elimina tecido ósseo.
2. Depois do início da idade madura, há um gradual decréscimo na quantidade de tecido ósseo presente.
3. Estágios na evolução da osteoporose:
   1º ESTÁGIO: começa uma gradual perda de tecido ósseo, mas ela não é detectável (idade: 30 anos ou mais).
   2º ESTÁGIO: Já houve suficiente perda de tecido ósseo para se tornar detectável (idade: 35 a 55 anos).
   3º ESTÁGIO: Mais perda de tecido ósseo; acontecem fraturas com mais facilidade (idade: 45 anos ou mais).
   4º ESTÁGIO: Mais fraturas, deformidade, invalidez e dor constante (idade: 55 anos ou mais).
4. Para predizer quais pessoas correm alto risco de ter osteoporose, há indícios que serão apresentados no Capítulo Três.

CAPÍTULO UM

Você *pode* vencer a osteoporose

Você já ouviu esta história antes: uma pessoa cai e sofre uma fratura na bacia. Para que possa andar outra vez é necessário uma cirurgia. Muitas vezes isso acontece a alguém que já carrega o fardo de outras doenças. A bacia fraturada pode provocar complicações que talvez resultem em doenças ainda mais graves — até mesmo em morte.

Mais ou menos 20% desses pacientes podem não andar depois de um ano, 20% podem morrer durante o ano que suceder à fratura da bacia. Como foi dito antes, a despesa, só com fraturas de bacia, no país é estimada em sete bilhões de dólares anuais.

A osteoporose é a causa básica desse problema e afeta mais de 30 milhões de pessoas na América. Embora essa doença dolorosa comece gradativa e imperceptivelmente, com a idade de 65 anos, 80% das mulheres da nossa população podem ter osteoporose, e 25% podem sofrer fraturas. As estatísticas são altas. Mais de 30 milhões de pessoas, mulheres na maioria, são afetadas pela osteoporose. O fato assustador é que a maior parte das pessoas com a doença não tem diagnóstico. No entanto, a boa notícia é que quase todos os que têm osteoporose podem ser tratados.

As próximas páginas podem alterar a sua vida. Os fatos, relatórios de pesquisas recentes e outras informações atualizadas mudarão a sua atitude diante desta doença.

Se você tem osteoporose, este livro lhe oferecerá valiosas sugestões de como lidar com o mal e viver uma vida normal e ativa, diminuindo ao mesmo tempo a dor debilitante associada a ele. Caso contrário, este livro pode lhe dar informações importantes para ajudá-lo a prevenir a doença. As explicações sobre os quatro estágios da osteoporose, os sinais e sintomas da doença e o plano para prevenção e tratamento podem ajudá-lo a ter uma vida saudável e plena.

Osteoporose: afinamento dos ossos

Osteoporose significa uma diminuição na densidade dos ossos, ou mais simplesmente, o afinamento dos ossos. À medida que os ossos ficam mais finos, eles se tornam mais fáceis de quebrar. Atividades rotineiras diárias como levantar-se, caminhar e inclinar-se podem ser suficientes para provocar a ruptura de um osso. Essas fraturas podem ocorrer nas costas, nos quadris, nos pés ou em outros ossos. Acidentes pequenos que habitualmente passam despercebidos resultam numa fratura com dor intensa, limitações e gastos. Estima-se que nos Estados Unidos mais de um milhão e meio de fraturas acontecem todos os anos devido à osteoporose. Isso resulta em incapacidade física, hospitalização e num gasto anual de mais de dez bilhões de dólares.

Casos clínicos

Uma senhora de 58 anos visitou nossa clínica. Ela havia levado um tombo na banheira de sua casa e estava com uma dor intensa na bacia. Descobrimos que tinha uma fratura no quadril (fêmur), e foi necessário um internamento de dez dias num hospital, submetendo-se a uma cirurgia para permitir que o quadril sarasse adequadamente (ver Figura 5). A conta hospitalar foi de mais de 30 mil dólares. As complicações comuns que podem ocorrer nesta situação, mesmo com o melhor dos tratamentos, incluem formação de coágulos de sangue, hemorragias, infecções e outros problemas. Cada uma destas complicações poderia resultar em doenças muito mais graves, com uma permanência prolongada num hospital, e até mesmo em morte.

Recentemente atendemos outra paciente. Tratava-se de uma senhora com 62 anos, que se dedicava a muitas atividades, especialmente ao golfe. Quando se dirigia para o seu carro, tropeçou e sofreu graves fraturas no tornozelo e no pé. As fraturas exigiram uma operação, forçando-a a guardar o leito durante seis semanas. Sua conta de hospital foi de mais de oito mil dólares. Ela precisou de quatro meses para poder voltar às suas atividades normais. Descobriu-se que essa paciente sofria de osteoporose e foi iniciado o seu tratamento, incluindo cálcio, vitamina D e outras medicações. Se ela tivesse sabido alguns anos antes que tinha osteoporose, poderia ter evitado esse infeliz acidente.

Mais de 30 milhões de casos

Embora haja mais de 30 milhões de pessoas afetadas pela osteoporose, essa doença dolorosa é mais comum entre as mulheres, especialmente depois da menopausa. Atendemos uma senhora de 60 anos que não apresentava fraturas, mas estava preocupada com a osteoporose porque sua mãe morrera depois de uma fratura da bacia. Ela é branca, entrou na menopausa há dez anos e nunca fez tratamento com estrógenos. Um exame para verificar sua densidade óssea revelou que tinha osteoporose; na verdade, descobriu-se que a densidade óssea estava 30% abaixo do normal.

Ela começou a eliminar fatores de risco, iniciou um programa de exercícios, começou um tratamento com estrógenos e passou a tomar suplementos de cálcio. Depois de um ano, sua densidade óssea aumentou ligeiramente, sem necessidade de outros medicamentos. Quando repetir o teste para verificar a densidade óssea, em um ou dois anos, ela saberá se houve mais perda de tecido. Conforme o caso, ela poderá utilizar outras medicações eficazes.

Atendemos uma senhora de 62 anos que havia quebrado uma costela numa pequena queda e estava preocupada com a osteoporose. Várias pessoas de sua família haviam sofrido dessa doença. Sua menopausa ocorrera aos 48 anos e ela não havia tomado estrógenos. Com um simples exame descobriu-se que tinha uma perda de cerca de 35% do tecido da sua espinha lombar.

Ela começou a tomar cálcio, a fazer exercícios e um programa de caminhadas, além de se tratar com estrógenos e outras medicações. Depois de dois anos, a repetição do teste revelou que houvera um aumento de 9% na densidade óssea em sua espinha. Com esse aumento, seu risco de fraturas diminuiu. Esperamos que continue melhorando.

Já sabemos que há uma gradual diminuição na quantidade de tecido ósseo após os 30 ou 40 anos, que acontece mais rapidamente nas mulheres do que nos homens. Com mais ou menos 65 anos, a maioria das mulheres tem um problema significativo com a osteoporose. Vamos salientar outra vez que as estatísticas informam que 80% das mulheres com mais de 65 anos têm osteoporose, e que 25% delas podem ter fraturas.

Constatou-se que até 20% das mulheres na faixa dos 40 anos podem ser afetadas pela osteoporose. Os homens também são afetados, embora as fraturas pareçam acontecer mais tarde na vida dos homens do que nas mulheres. Não há um modo mágico de você descobrir se tem osteoporose e se ela é fraca ou grave.

Se a doença não for descoberta e tratada, você pode correr grande risco de sofrer uma fratura. Infelizmente, os ossos que mais comumente se quebram são aqueles importantes para manter em atividade a pessoa — os da bacia e das costas, especialmente os da parte inferior das costas ou espinha lombar (Figura 7). Com o passar do tempo, suas costas poderão curvar-se ou inclinar-se para a frente, e você poderá perder alguns centímetros na altura e sofrer de dor constante e intensa quando ficar em pé ou andar.

Cada vez com maior freqüência vemos mulheres que sabem o que é osteoporose e o que são fraturas. Outra mulher que atendemos tinha 71 anos e continuava uma viajante muito ativa, fazendo constantes viagens internacionais. Ela sentia uma forte dor nas costas e descobriu-se que estava com osteoporose e uma fratura na parte inferior da espinha.

Ela começou um programa de exercícios e passou a tomar suplementos de cálcio e de vitamina D junto com outras medicações. Em dez meses sua densidade óssea mostrou um aumento de mais de 3%. Visto que vinha perdendo tecido ósseo a cada ano, essa foi uma melhora excelente num tempo relativamente curto.

Tipos de osteoporose

Pesquisas recentes dividem a osteoporose em dois tipos, mas estes nem sempre estão bem definidos, sendo comumente combinados.

Segundo alguns pesquisadores, um tipo de osteoporose é mais comum em mulheres depois da menopausa. Ocorre tipicamente depois dos 50 anos. As fraturas são mais comuns na espinha (fraturas vertebrais) e nos pulsos. Pensa-se que o nível mais baixo de hormônio estrogênico depois da menopausa seja o problema básico e cause a eliminação mais rápida do tecido ósseo. Os intestinos também parecem menos capazes de absorver o cálcio necessário à formação do tecido ósseo. Em resultado, mais tecido ósseo é removido e menos tecido ósseo é formado.

Outro tipo de osteoporose aparece em homens e mulheres com idade mais avançada, em geral dos 70 aos 75 anos. A área mais comum de fratura é o quadril. À medida que o ser humano envelhece, acredita-se que menos

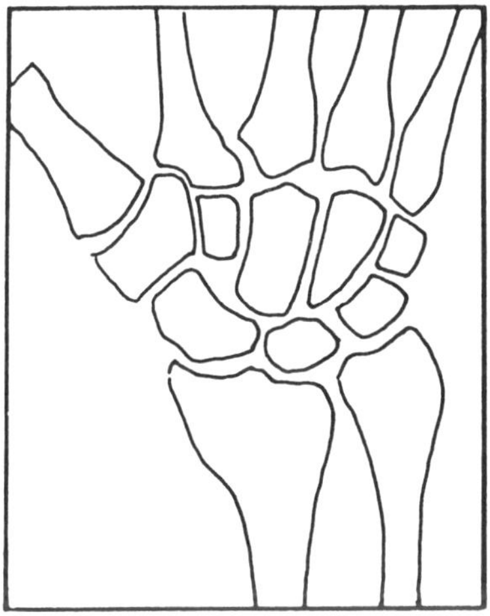

Pulso e mão

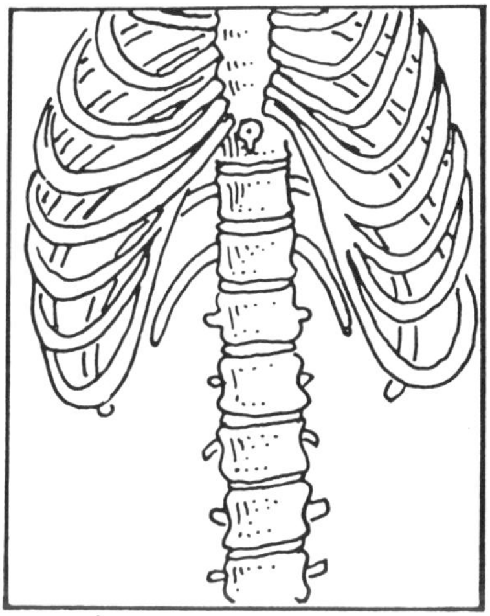

Costelas e espinha

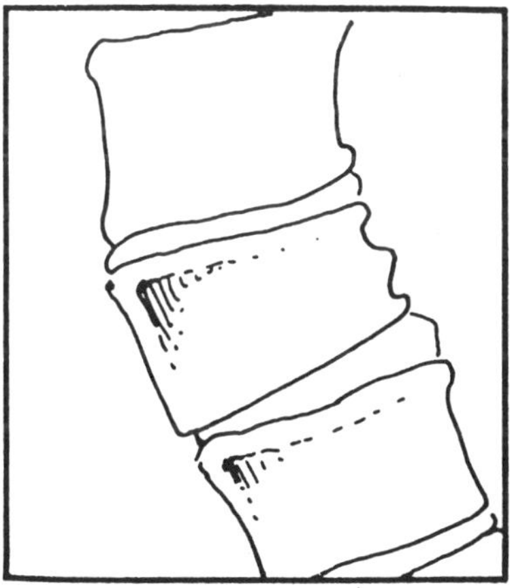

Espinha

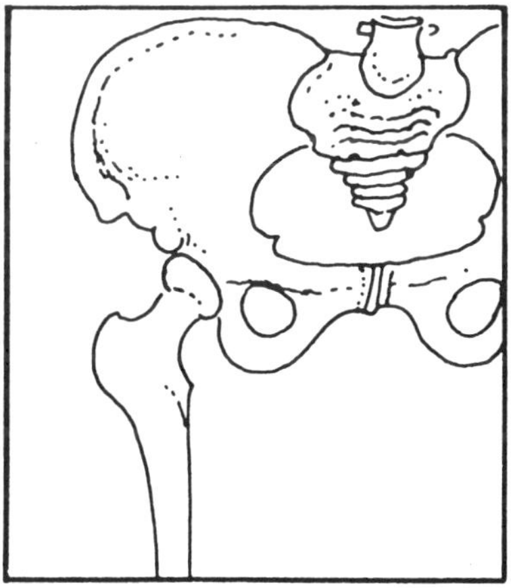

Pélvis

Figura 7. Ossos mais freqüentemente fraturados.

vitamina D é produzida no corpo. A vitamina D é necessária para a absorção do cálcio pelo intestino. Novamente, quando o intestino é menos capaz de absorver cálcio, menos tecido é formado enquanto a remoção óssea continua.

Outra teoria afirma que os processos de formação e eliminação de tecido ósseo estão normalmente "acoplados" nas velocidades corretas. Por algum motivo, esse processo se torna "dissociado" e a formação de tecido ósseo se torna mais lenta, embora a eliminação continue. Ou seja, a eliminação de tecido ósseo aumenta, mas a velocidade de sua formação não aumenta. Não se conhecem as causas desse "desemparelhamento".

Apesar de haver outros problemas que possam aumentar o risco de desenvolver osteoporose, pouco se entende das verdadeiras razões do aumento desse risco. Entretanto, quanto mais cedo os problemas forem reconhecidos e corrigidos, melhores serão os resultados.

Como detectar a osteoporose

Em geral, você não descobre que tem osteoporose enquanto não quebra um osso. Nessa ocasião, tira-se uma radiografia e a fratura e a osteoporose são diagnosticadas (Figura 8). Com mais consciência a respeito da osteoporose e dos seus sintomas, essa doença pode ser descoberta no seu estágio inicial. Se não se prestar atenção ao enfraquecimento dos ossos e só se tratar da fratura, isso resultará em outras fraturas e numa incapacidade física.

Se você acha que corre o risco de ter osteoporose, o que poderia ser feito? Em primeiro lugar, fale com seu médico. Um teste simples poderá lhe dizer o grau de osteoporose de que você sofre. Esse teste pode alertá-lo para fato de estar correndo um sério risco de ter uma fratura.

Assim que é feito o diagnóstico, é importante verificar se há outras doenças que possam estar contribuindo para isso, de modo que possa ser dado o tratamento adequado a esses diferentes problemas.

Depois que a condição é diagnosticada, o tratamento disponível deve começar imediatamente, inclusive o uso de suplementos para fortalecer os ossos e, se necessário, medicação para tornar mais lenta a eliminação de tecido ósseo.

Esses tratamentos ajudam o corpo a formar um tecido ósseo mais forte e a aumentar a sua produção, reduzindo o risco de fraturas. Se o número de fraturas da bacia puder ser reduzido, haverá grande economia de despesas hospitalares, menos dor e sofrimento. Se as fraturas da espinha puderem

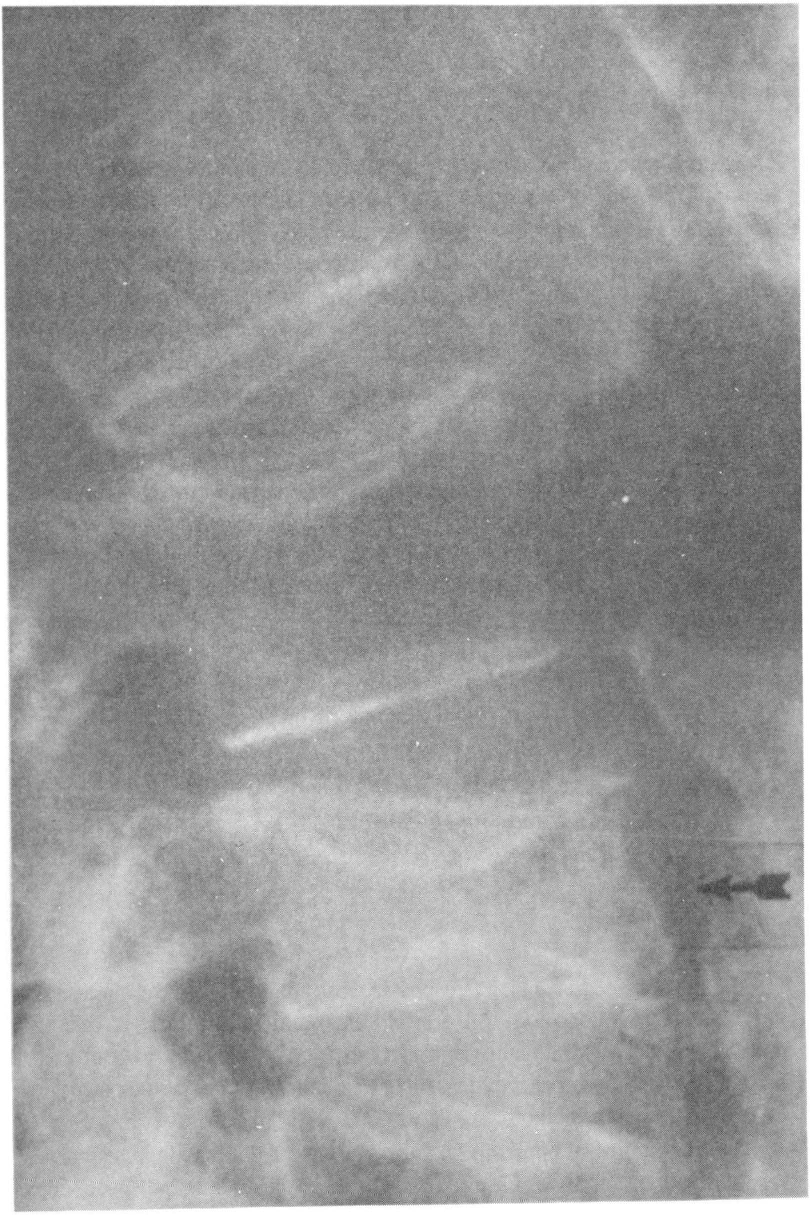

Figura 8. A flecha mostra um osso da espinha mais curto que os outros, devido a uma fratura.

ser reduzidas ou evitadas, a dor intensa e a deformidade da espinha poderão ser mais bem controladas.

Como lidar com a sua osteoporose

Agora sabemos mais sobre a prevenção da osteoporose, prevenção que será tanto melhor quanto mais cedo for iniciada. Na maioria das pessoas isso significa começar a prevenção até mesmo na infância, antes que surja o enfraquecimento dos ossos. Há nova esperança para as vítimas da osteoporose à medida que novos e melhores tratamentos se tornam disponíveis. Com um diagnóstico apropriado e um plano específico de tratamento, você pode retardar o avanço do processo de rarefação dos ossos e pode efetivamente restaurar o desenvolvimento de ossos mais fortes.

Para ter sucesso ao lidar com a sua osteoporose é importante que tenha informações sobre os tipos de tratamento existentes. Terá de saber quais tratamentos possivelmente serão eficazes, quais os que provavelmente não funcionarão bem, e tomar medidas urgentes escolhendo o tratamento correto para si mesmo. Você poderá ajudar enormemente o seu médico a controlar o seu problema se conhecer as diretrizes sugeridas neste livro.

Na nossa clínica, os pacientes de osteoporose fazem perguntas como estas:

P: *Tendo esta doença, precisarei limitar minhas atividades?*

P: *Visto que ela implica a ocorrência de dor, devo forçar a mim mesmo, apesar do sofrimento?*

P: *Minha dieta afeta a minha doença?*

P: *Quais são alguns dos outros meios importantes de se lidar com a osteoporose?*

P: *A dor vai melhorar, ou terei de conviver com ela para sempre?*

Descobriu-se que não há respostas absolutas ou mágicas para essas perguntas. Entretanto, com um acurado entendimento do que acontece na osteoporose e que tratamentos existem, você pode criar um programa que inclua atividades, medicação, descanso, exercícios e dieta, para ter a certeza de obter a máxima melhora.

Se você tem osteoporose, quanto antes tratar dela, melhores serão os resultados do tratamento. Esse tratamento pode ser iniciado por você, hoje, na sua própria casa, com a ajuda do seu médico.

Se descobrir que está com osteoporose, não entre em pânico! Uma atitude positiva é uma das mais importantes armas que você pode ter para maximizar o resultado do tratamento. O pensamento positivo é livre e não tem efeitos colaterais. Uma parte importante do tratamento de um paciente depende da sua perspectiva individual.

Caso exemplificativo

Há pouco tempo tivemos como paciente uma mulher em vias de se aposentar, que sofreu fraturas na espinha, resultando em dor constante no meio e na parte inferior das costas. Gradativamente, passou a ter sérias limitações para ficar de pé e andar, e foi forçada a desistir do emprego de balconista, onde ficava em pé o dia todo. Decidida a lidar com a doença, ela começou um programa prescrito de exercícios, descanso e medicações.

Em poucos meses, a paciente era capaz de andar com pouca ou nenhuma dor e conseguiu voltar ao trabalho. Com determinação e trabalho árduo, ela foi capaz de reconquistar seu salário e, muito provavelmente, evitou tornar-se inválida e com mais problemas de saúde.

Você é a chave do tratamento

Na nossa clínica, encorajamos os pacientes a examinar este problema da osteoporose de uma maneira organizada. A confusa combinação de dor, rigidez e limitação de movimentos agora pode ser corretamente diagnosticada. Os pacientes podem começar a terapia sabendo que tratamentos — a base de exercícios, descanso e medicação — têm a melhor chance de obter sucesso.

Você pode e deve tornar-se um especialista no seu próprio e específico problema de osteoporose, e começar imediatamente o melhor tratamento possível. Você precisa de informações exatas sobre as causas, sobre o tratamento disponível e sobre qual a expectativa de futuro que o aguarda.

Este livro lhe dará as informações de que necessita para participar ativamente do seu próprio tratamento, controlando a sua osteoporose. Ele lhe permitirá enfrentá-la do mesmo jeito que enfrenta outras áreas da sua vida, e ter uma vida ativa, sem medo de fraturas.

SUMÁRIO

1. A osteoporose é o afinamento dos ossos — uma diminuição na densidade óssea.
2. A osteoporose começa imperceptivelmente. Na faixa dos 65 anos, mais ou menos 80% das mulheres podem ter osteoporose, e 25% delas podem ter fraturas. Até 20% das mulheres na faixa dos 40 anos podem ter a doença.
3. Mais de um milhão e meio de fraturas causadas pela osteoporose acontecem nos Estados Unidos a cada ano, com um custo de dez bilhões de dólares.
4. 20% dos pacientes com fraturas de bacia causadas pela osteoporose podem não andar após um ano, e 20% deles podem morrer dentro de um ano.
5. Prevenção e tratamento para muitas causas da osteoporose agora estão disponíveis. Há tratamento eficaz que pode aumentar a densidade óssea e diminuir a chance de fraturas.
6. Temos uma opção. Podemos continuar a tratar unicamente das fraturas de bacia, espinha e outros ossos e observar o aumento dos custos com o cuidado pessoal de saúde. Ou podemos usar a prevenção e o tratamento para diminuir o risco de futuras fraturas, o que resulta numa grande redução de gastos e de sofrimento.

CAPÍTULO DOIS

Os fatores de risco: Você é um candidato à osteoporose?

Embora a osteoporose possa ter graves conseqüências, sua prevenção e tratamento podem começar se ela for detectada logo. Algumas pessoas correm um risco maior do que outras de desenvolver osteoporose e de sofrer fraturas. Esse risco mais elevado pode resultar numa fratura de bacia, de espinha ou de pulso, muito antes da habitual idade de 50 anos ou mais. Os fatores de risco da osteoporose podem ser facilmente detectados. Quanto mais fatores de risco você tiver, tanto maiores serão as suas probabilidades de ter osteoporose. Uma vez identificados, esses fatores podem ser reduzidos e você pode começar a diminuir suas possibilidades de ter osteoporose e fraturas futuramente. Nunca é cedo demais para começar a prevenção da osteoporose, pois esse processo pode começar bem antes dos 40 anos.

Se você apresenta mais de um ou dois fatores de risco, suas possibilidades de uma futura osteoporose são significativas demais para serem ignoradas. De fato, quanto mais fatores de risco você tiver, mais elevada é a probabilidade de futuras fraturas e maior a necessidade de começar logo a agir.

Vamos rever esses fatores de risco. Os Capítulos Cinco e Seis explicarão como você pode lidar com esses fatores para prevenir e tratar a osteoporose.

Fatores de risco

1. Falta de um programa regular de exercícios.
2. Nas mulheres, a menopausa, especialmente a menopausa precoce.

3. Ter 40 anos ou mais.
4. Ser branco.
5. Ser fumante.
6. Ser mulher.
7. Membros da família que têm osteoporose.
8. Peso baixo demais para a altura.
9. Uso abusivo do álcool.
10. Certos medicamentos: drogas à base de cortisona, antiácidos que contenham alumínio.
11. Certos problemas de saúde, tais como:
    Artrite reumatóide
    Enfisema, bronquite crônica
    Hipertireoidismo
    Alguns tipos de cirurgia estomacal
    Diabetes melito
12. Baixo teor de cálcio na dieta.
13. Acidentes e quedas.

Falta de um programa regular de exercícios

O exercício regular ajuda a retardar e até mesmo a reverter o processo da osteoporose. Comprovou-se a veracidade dessa afirmação por meio de experiências com animais, nos quais a quantidade de tensão nos ossos resultou em mudanças na sua estrutura. É possível que o exercício estimule nos ossos as células que criam novo tecido ósseo, de modo que mais tecido ósseo é formado.

Por outro lado, está bem comprovado que a falta de exercício é um importante fator de risco e causa da osteoporose. Sabe-se há anos que pacientes que estão sujeitos a prolongada inatividade ou a ficarem de cama por outras razões, muitas vezes desenvolvem a osteoporose. Não se conhece o motivo exato. Entretanto, parece que a atividade, especialmente a atividade de condicionamento físico, estimula de algum modo as células ósseas a se tornarem mais ativas e a produzirem ossos mais fortes. Sem atividade, os ossos podem ficar menos densos e mais fracos. Alguns pesquisadores descobriram que, depois de um prolongado confinamento ao leito, pode demorar meses para o paciente ter seus ossos normais outra vez, mesmo que não haja outros problemas.

Mais recentemente, amplos estudos feitos em astronautas mostraram um importante problema em viagens espaciais prolongadas devido à inatividade e à falta de gravidade, provocando a perda da densidade óssea. E isso acontece com astronautas saudáveis! Agora os pesquisadores estão tentando descobrir os meios de lidar com esse problema.

Pessoas fisicamente ativas têm ossos mais densos, se comparadas com pessoas inativas da mesma idade. Estudos feitos em animais mostram que mudanças na quantidade de tensão dos ossos resultam em mudanças na sua estrutura. Conclusões de uma pesquisa recente mostram que entre os mais fortes estímulos naturais para a formação dos ossos estão as atividades de condicionamento físico, como andar ou correr.

Após os 30 ou 40 anos, muitas pessoas se tornam fisicamente menos ativas. Muitas vezes isso é resultado de trabalho mais sedentário e de um declínio geral no condicionamento físico, comum nessa idade. É mais comum ainda ver um declínio na atividade física em pessoas com mais de 50 anos. A gradual diminuição dos exercícios, especialmente exercícios de condicionamento físico, por um período de vários anos, resulta em menos estimulação para a formação de tecido ósseo. Isso ocorre nos anos em que outros fatores de risco podem entrar em ação, provocando o enfraquecimento dos ossos.

Nas pessoas idosas, a tendência a praticar cada vez menos exercícios é um grave problema. Se outros problemas de saúde ou uma fratura forçarem a uma atividade ainda menor, será fácil verificar como a osteoporose pode piorar rapidamente.

A falta de exercícios é um dos principais fatores de risco, que logo poderá ser corrigido com um simples programa de caminhadas. A maioria dos pacientes que atendemos com fraturas causadas pela osteoporose não tinha consciência de que certas atividades — como caminhar —, melhorariam a força dos ossos. Quase todo paciente está apto a ajudar se começar com um simples programa de exercícios de condicionamento físico com orientação médica.

Exercícios para modelar outros músculos que dão apoio ao corpo também são importantes. Entretanto, não se conhece o relacionamento específico dos mesmos com o risco da osteoporose. Parece razoável presumir que músculos mais fortes darão maior suporte aos ossos. Exercícios para as costas e outros músculos serão apresentados no Capítulo Sete.

Uma palavra de advertência: é possível exceder-se nos exercícios. Descobriu-se que algumas mulheres (principalmente atletas jovens) que se exercitam com demasiado empenho durante um período prolongado de tempo podem desenvolver fraturas. Esse tipo de exercício resulta em mudanças hormonais que provocam uma alteração ou interrupção dos períodos menstruais. Conforme você apreciará na próxima seção, essa alteração também pode resultar numa osteoporose. Ela pode levar a fratura nos pés e nas pernas de corredores. Adequar o treinamento ou adicionar medicamentos, normalmente pode controlar esse problema. Além disso, esse problema não é comum.

Você conseguirá uma boa indicação sobre quanto exercício de condicionamento físico poderá executar regularmente se completar o mapa de exercícios abaixo durante uma semana (Tabela 2). A quantidade necessária de exercícios para prevenir a osteoporose não é conhecida. Da nossa clínica, sugerimos de 30 a 40 minutos de exercícios de condicionamento físico algumas vezes por semana. Isso inclui caminhar, andar de bicicleta, correr, pular corda ou subir escadas. Para aqueles pacientes que não podem sair de casa durante a semana, uma bicicleta de exercícios pode ser um investimento sábio para a boa saúde futura.

Se você anda fisicamente inativo há muito tempo, não comece com 30 minutos de exercícios estafantes. A moderação é a chave para iniciar qualquer programa de condicionamento físico. Uma rotina razoável de exercícios pode incluir uma caminhada de dez minutos a cada dois dias, durante uma semana ou duas. À medida que o seu corpo for se acostumando à nova rotina de exercícios, acrescente mais cinco minutos à caminhada. Tente fazer isso por mais uma semana ou duas. Dê a si mesmo um prazo de ao menos dois meses para chegar à meta de praticar de 30 a 40 minutos de exercícios de condicionamento físico. Lembre-se de que é melhor começar devagar, num ritmo razoável, do que ter de parar completamente por causa de um acidente.

Muitas pessoas dizem que não têm tempo para se exercitar devido às suas responsabilidades diárias. Contudo, se a recompensa final é evitar a osteoporose, então essas pessoas têm de ver o exercício como parte da prescrição para a sua boa saúde. Outros benefícios de um programa de exercícios incluem o fortalecimento e a tonificação dos músculos. Quando a espinha é mais estável, é menos provável que ocorram dores nas costas. O exercício também pode baixar sua pressão sangüínea e relaxar o batimento cardíaco, enquanto fortifica todo o seu sistema cardiovascular. Os benefícios de um programa regular de exercícios — incluindo os de condicionamento físico, tais como andar, subir escadas ou pular corda — são importantes demais para a sua saúde geral para serem ignorados.

Reserve um tempo em sua agenda para fazer exercícios de condicionamento físico, assim como você reserva tempo para comer, vestir-se ou ler jornais. (Veja Tabela 2.) Leia o Capítulo Sete para a descrição de alguns desses exercícios.

Tabela 2
Mapa para exercícios diários

	Manhã							Tarde									
	6	7	8	9	10	11	12	1	2	3	4	5	6	7	8	9	10
Segunda-feira																	
Terça-feira																	
Quarta-feira																	
Quinta-feira																	
Sexta-feira																	
Sábado																	
Domingo																	

Desconte as horas do dia em que faz exercícios de condicionamento físico, incluindo caminhadas, subir escadas, pular corda, andar de bicicleta, correr ou outro exercício, totalizando 30 ou 40 minutos algumas vezes por semana. Tente incluir tempo para exercícios em sua rotina diária, tais como andar até o armazém, subir escadas, estacionar o carro na parte de trás do estacionamento.

Menopausa

Depois da menopausa, as mulheres correm um risco muito maior de ter osteoporose. O risco aumenta se acontecer de você ser vítima de uma menopausa natural precoce em que os períodos menstruais cessam numa idade anterior à idade média de 45 a 55 anos, ou se teve de se submeter a uma cirurgia para remover os ovários.

Os ovários são órgãos que produzem um dos hormônios femininos, o estrógeno. O sistema hormonal feminino, especialmente o hormônio estrogênico, é importante para a formação dos ossos. Na menopausa, os ovários produzem menos estrógeno; portanto, a quantidade desse hormônio no corpo diminui. Embora o processo não seja muito bem compreendido, níveis mais baixos de estrógeno de alguma forma causam menos formação de tecido ósseo, aumentando a quantidade de tecido eliminado, e como resultado os ossos se tornam gradualmente mais finos.

Se a menopausa ocorrer precocemente, isso pode fazer com que a osteoporose comece mais cedo. Não se sabe por que certas mulheres chegam à menopausa mais cedo do que outras. Sabe-se, no entanto, que essas mulheres correm um risco maior de desenvolver a osteoporose. Se os ovários forem removidos, a fonte de hormônio estrogênico também é removida. Uma cirurgia comum na qual algumas vezes são removidos os ovários é a histerectomia (retirada do útero). Os motivos para a remoção dos ovários são variados; quando possível, no entanto, a maioria dos cirurgiões tenta deixar um ovário no lugar a fim de permitir que a produção do hormônio estrogênico continue por tanto tempo quanto possível. Nessa situação, a diminuição do nível de estrógeno provavelmente aconteceria entre 45 e 55 anos.

O problema crucial para as mulheres com osteoporose é que, uma vez que níveis mais baixos de estrógeno provocam a osteoporose e o osso se rarefaz, o corpo é bastante limitado na sua capacidade de repor efetivamente o tecido ósseo perdido. Portanto, o fator de risco — que é o principal fator da osteoporose da maioria das mulheres — tem de ser descoberto cedo para que o tratamento possível possa ser iniciado logo depois da menopausa. O tratamento recomendado será discutido no Capítulo Seis.

Idade e sexo

Depois que chegamos à maturidade, há um gradual decréscimo na quantidade total de tecido ósseo formado em comparação com a quantidade eliminada. Em algum momento, entre 30 e 40 anos, há uma gradual perda de densidade óssea. Isso acontece mais rapidamente nas mulheres do que nos homens. Primeiro, a modificação na formação óssea e no seu desgaste é muito gradual e não é perceptível. Na verdade, não somos capazes de detectar, nem mesmo com nossos testes mais sensíveis, até que haja uma rarefação bastante grande do osso. Aos 60 anos, muitas mulheres podem ter perdido 20% ou mais da quantidade de tecido ósseo que existia quando tinham 30 anos. Nos homens, a rarefação dos ossos é muito mais lenta.

Enquanto não houver uma forma melhor de dizer quando ocorre essa mudança muito gradual na densidade óssea, podemos apenas prognosticar um risco mais elevado de acontecer esse processo em pessoas com idades superiores a 35 ou 40 anos, especialmente mulheres. Embora não possamos mudar a idade ou o sexo, há outros fatores de risco que podem ser adequadamente controlados para manter esse risco particular num nível mínimo.

Raça

A osteoporose é mais comum em pessoas da raça caucasiana, que têm pele clara. Os afro-americanos têm ossos mais fortes e uma perda menos rápida da densidade óssea, uma vez que esse processo se inicie. A razão para esse efeito protetor não é conhecida. De algum modo, os afro-americanos parecem ter um "programa" genético para ossos mais densos.

De fato, mulheres caucasianas têm cerca de duas vezes mais fraturas de bacia do que mulheres afro-americanas. A velocidade da rarefação dos ossos e o risco de osteoporose são portanto mais elevados em mulheres caucasianas e mais baixos em homens afro-americanos. Pessoas de origem asiática podem ter um risco intermediário de desenvolver a doença.

O fumo

Fumar duplica o risco de desenvolver osteoporose. Pesquisadores descobriram que a osteoporose se instala mais cedo e evolui mais rapidamente em fumantes do que em não-fumantes. Não se conhece o motivo disso. As substâncias contidas no cigarro provocam um grande número de mudanças químicas e hormonais no corpo que podem resultar numa osteoporose mais precoce e mais grave. Além disso, alguns fumantes tendem a ter o peso abaixo da média, o que aumenta o risco da doença.

A boa notícia quanto ao fumo como fator de risco para a osteoporose é que você pode fazer algo para eliminar o problema. Há muitos métodos indolores que permitem que os fumantes larguem o vício completamente. Estão disponíveis no mercado prescrições que podem ajudar a aliviar os sintomas da abstenção do cigarro, comuns aos fumantes.

Se você é fumante, corre um alto risco de ter osteoporose. Como fumante, também corre o risco de ter uma moléstia cardíaca, câncer nos pulmões, enfisema, endurecimento das artérias e outras moléstias. Trabalhe com o seu médico para abandonar esse hábito. Recrute um sistema de apoio da família e dos amigos para ajudá-lo a passar pelos primeiros dias de privação. Depois, goze de uma melhora na saúde, assim que os cigarros não fizerem mais parte dos seus hábitos diários.

Genética: histórico familiar da osteoporose

O ditado "tal mãe, tal filha" é bastante verdadeiro no que se refere à osteoporose. Parece que um há risco maior de osteoporose se outros membros da sua família também tiverem a doença. Não se conhecem os motivos, mas é provável que isso se deva ao "programa" genético hereditário, que de algum modo torne a pessoa mais suscetível ao problema. Se algum membro da sua família sofreu de "ossos fracos", teve fraturas freqüentes, perda de altura e postura curvada, você deve ficar consciente de que corre um risco acima da média de desenvolver a doença. E se tem outros fatores de risco, deve tomar medidas apropriadas para prevenir a osteoporose.

Leve ou pesado

Mulheres com peso abaixo da média, com relação à sua altura, muitas vezes desenvolvem a osteoporose mais rapidamente. Mulheres com excesso de peso têm menos chance de ter osteoporose. É possível que mais tecido adiposo resulte em maior produção do hormônio estrogênico feminino. Um alto nível de estrogênio pode tornar mais lento o processo da osteoporose. Naturalmente, ser obeso aumenta o risco de outros problemas de saúde. Não recomendamos o aumento de peso para evitar a osteoporose, a menos que você pese menos do que o normal (ver Tabela 3).

Uso abusivo do álcool

Nos últimos anos foi reconhecido que as pessoas que consomem bebidas alcoólicas em grande quantidade correm um risco maior de ter osteoporose. Não se sabe quanta bebida alcoólica é preciso ingerir para provocar esse problema. Ele parece ocorrer principalmente quando se abusa do álcool. Não se acredita que pequenas quantidades de bebida aumentem o risco de se ter osteoporose. Por exemplo, ao que parece, é provável que quantidades moderadas de álcool (assim como uma dose de bebida destilada, uma lata de cerveja ou menos que meia garrafa de vidro por dia) não aumentem muito o risco. Mas o uso abusivo do álcool durante anos realmente aumenta o risco.

Tabela 3
Tabelas Metropolitan de altura e peso

Homens

Altura	Ossatura Pequena	Ossatura Média	Ossatura Grande
1,57	58-61	59-64	63-68
1,60	59-62	60-65	64-69
1,63	60-63	61-66	64-71
1,65	61-64	62-67	65-73
1,68	62-65	63-68	66-74
1,70	63-66	64-70	68-76
1,73	64-67	66-71	69-78
1,75	64-68	67-73	70-80
1,78	65-70	68-74	72-82
1,80	66-71	70-75	73-83
1,83	68-73	71-77	74-85
1,85	69-74	73-79	76-87
1,88	70-76	74-81	78-89
1,91	72-78	76-83	80-92
1,93	73-80	78-85	82-94

Peso ideal entre 25-59 anos, com base no menor índice de mortalidade. Peso em quilogramas, segundo a ossatura física (vestindo roupas leves e calçando sapatos com salto de 1cm.)

Alcoólatras contumazes podem ter osteoporose muito antes da idade habitual. Na verdade, pode-se constatar a existência da doença em pessoas com idade entre 30 e 40 anos. A doença pode ser observada tanto em homens como em mulheres, embora normalmente atinja mais as mulheres. É fácil deixar de prestar atenção a esse fator de risco como causá da osteoporose e de dor.

Certos medicamentos

Certos medicamentos tomados por outros motivos podem aumentar o risco de você ter osteoporose. Um dos mais comuns é o grupo de drogas à base de cortisona (Tabela 4). Esses remédios aumentam a chance de se ter

Tabela 3 (continuação)

Mulheres

Altura	Ossatura Pequena	Ossatura Média	Ossatura Grande
1,47	46-50	49-55	54-59
1,50	47-51	50-56	54-61
1,52	47-52	51-57	55-62
1,55	48-54	52-59	57-64
1,57	49-55	54-60	58-65
1,60	50-56	55-61	59-67
1,63	52-58	56-63	61-68
1,65	53-59	58-64	62-70
1,68	54-60	59-65	64-72
1,70	56-62	60-67	65-74
1,73	57-63	62-68	66-76
1,75	59-64	63-69	68-77
1,78	60-66	64-71	69-78
1,80	61-67	66-72	70-80
1,83	63-68	67-73	72-81

Peso ideal entre 25-59 anos, com base no menor índice de mortalidade. Peso em quilogramas, segundo a ossatura (vestindo roupas leves e calçando sapatos com salto de 1cm.)

Fonte de informação: Estudos sobre Ossatura Física realizados em 1979 pela *Society of Actuaries* e, em 1980, pela *Association of Life Insurance Medical Directors of America*. Reproduzida com autorização da Metropolitan Life Insurance Company, Nova York, NY.

osteoporose se tomados regularmente, especialmente durante um período de tempo prolongado. O risco aumenta com doses mais elevadas e com a maior duração do tratamento. Se esses remédios forem tomados por um curto período de tempo (assim como alguns dias ou semanas), então não se deve ter grande preocupação quanto à osteoporose.

Com freqüência, estes remédios são usados por pouco tempo, para tratar problemas como reações alérgicas, asma, bursite e outros males de pouca duração. Esses remédios à base de cortisona também podem ser necessários para alguma doença mais prolongada. Doses maiores podem ser úteis para controlar algumas doenças, como um problema grave de pulmão. Se os

Tabela 4

Remédios comuns à base de cortisona

Nome genérico	*Marca*
Betametasona	Celestone
Dexametasona	Decadron
Metilprednisolona	Medrol
Prednisolona	Delta-Cortef
Prednisona	Deltasone
	Orasone
Triamcinolona	Aristocort

Doenças que podem ser tratadas com uma dessas drogas

Asma	Algumas doenças de pele
Bronquite aguda	Reações alérgicas
Bronquite crônica	Alguns distúrbios oculares
Artrite reumatóide	Colite ulcerosa
Lupus eritematoso sistêmico	Algumas doenças do sangue
Artrites de outros tipos	Alguns casos de leucemia

remédios forem usados por longo tempo (como meses ou anos), então o risco da osteoporose aumenta. Esses medicamentos podem diminuir a absorção de cálcio pelo intestino. O resultado é que menores quantidades de cálcio ficam disponíveis para o corpo. Então, mais tecido ósseo pode ser removido pelo corpo a fim de ter mais cálcio disponível no organismo. Com o uso de cortisona e de remédios de cortisona, a atividade das células que produzem tecido ósseo diminui. Acima de tudo, essas medicações parecem aumentar a rarefação óssea e diminuir a formação de tecido ósseo.

Outra maneira de usar remédios à base de cortisona é através de injeção no local do problema. Esse tratamento pode ser usado para bursite, tendinite e algumas formas de artrite. Essas injeções não aumentam o risco de osteoporose. Na verdade, a grande vantagem da injeção localizada é a rapidez do alívio da dor e a ausência de efeitos colaterais significativos. Seu médico pode orientá-lo, de acordo com a situação.

Artrite reumatóide

Entre os tipos de artrite que atingem mulheres jovens, a artrite reumatóide é um dos mais comuns. Além de tudo, afeta de 1 a 2% da população e pode ser bastante grave: provoca dor e inchaço nas articulações, muitas vezes comprometendo as mãos, os pulsos, os cotovelos, os ombros, os joelhos, os tornozelos e os pés. A rigidez nas juntas — especialmente pela manhã — e a fadiga podem ser violentas. Pode ocorrer febre e perda de peso. Muitas atividades diárias, tais como andar e o uso das mãos, ficam dificultadas.

Uma pessoa com artrite reumatóide corre um risco maior de desenvolver osteoporose. A dor da artrite torna a atividade e o exercício regular mais difíceis, especialmente a caminhada e outros exercícios de condicionamento físico. Essa falta de exercícios regulares aumenta o risco da osteoporose. Alguns pacientes com artrite reumatóide são tratados com drogas à base de cortisona, que também aumentam o risco de desenvolver a doença. É provável que existam algumas outras causas desconhecidas (resultantes da própria doença), que contribuem para o surgimento da osteoporose no caso de alguém ter artrite reumatóide. Infelizmente, a osteoporose afeta grande número de pacientes com artrite reumatóide. Isso pode interferir no tratamento da artrite, se ocorrerem fraturas. A artrite pode complicar a cirurgia de ossos e juntas. O mal é tão comum em pacientes com reumatismo que essas pessoas devem tomar cuidados extras para prevenir e tratar a osteoporose.

Enfisema, bronquite crônica

Muitos pacientes com doenças pulmonares, especialmente enfisema e bronquite crônica relacionados com o hábito de fumar, têm osteoporose. No caso do enfisema, há uma perda de tecido pulmonar que resulta em diminuição da atividade respiratória e limitação das atividades físicas. Essa doença pode ser lentamente progressiva ao longo de vários anos. Na bronquite crônica, há uma inflamação dos bronquíolos que resulta em aumento de secreção e tosse. A bronquite crônica também provoca dificuldades respiratórias que podem restringir a atividade física. A causa mais comum dessas doenças é o hábito de fumar. Como no caso da artrite reumatóide, provavelmente há um grande número de outros fatores também importantes. O cigarro apenas aumenta o risco, como já dissemos. Fumantes com peso abaixo do normal correm um risco ainda maior. O nível de oxigênio no sangue muitas vezes diminui no caso desses pacientes por causa da doença pulmonar. Esse nível mais baixo de oxigênio pode afetar o modo como o corpo forma e elimina o tecido ósseo. Como resultado desses fatores, em geral a pessoa corre um risco muito maior de ter osteoporose se também tiver enfisema e bronquite crônica. A osteoporose é tão comum nessa situação que esses pacientes também devem tomar cuidados especiais no controle de outros fatores de risco, e devem tomar especial cuidado na prevenção e tratamento da doença.

Diabetes melito

Alguns pesquisadores descobriram que os "diabéticos" têm uma probabilidade maior de desenvolver a osteoporose. Os milhões de norte-americanos que têm diabetes melito correm um risco maior de ter osteoporose.

Hipertireoidismo

Esta é uma condição de hiperatividade da glândula tireóide: a tireóide produz hormônio em excesso. Os primeiros sintomas mais comuns são nervosismo, perda de peso e aceleração do batimento cardíaco. Outro resultado da hiperatividade da tireóide é a osteoporose. O hipertireoidismo pode ser diagnosticado e tratado pelo seu médico.

Cirurgia do estômago (gástrica)

A úlcera péptica e outras condições podem necessitar de uma cirurgia que implique a remoção de uma porção do estômago. Em alguns casos, descobriu-se uma possibilidade maior de desenvolver osteoporose. Se você fez uma cirurgia do estômago, siga os conselhos do seu médico no que se refere a ajustes, à dieta ou a seus suplementos alimentares a fim de minimizar o risco.

Problemas de saúde incomuns

Problemas de saúde incomuns também podem provocar a osteoporose. O hiperparatireoidismo é a superatividade das glândulas paratireóides localizadas no pescoço. Essas glândulas produzem o hormônio paratireóidico que é importante no controle do desgaste dos ossos do corpo. Níveis excessivos desse hormônio resultam em perda rápida de tecido ósseo. Esta condição pode ser diagnosticada e tratada por um médico.

Há outros problemas de saúde incomuns ou raros que provocam ou agravam a osteoporose. O melhor meio de descobri-los é consultar um médico e pedir-lhe um tratamento para eliminar fatores de risco.

Baixo teor de cálcio na dieta

Se a sua dieta vem tendo um baixo teor de cálcio ao longo de anos, principalmente durante os anos de crescimento, há um risco maior de você ter osteoporose. Os adolescentes com uma dieta baixa em cálcio, prolongada durante anos, apresentarão menos formação de substância óssea. Então, quando a velocidade da perda de tecido ósseo for maior do que a velocidade da formação do mesmo, a osteoporose pode surgir com mais rapidez (ver Tabela 5 para verificar a quantidade diária de cálcio recomendada para crianças e adultos).

Embora pouco cálcio no organismo contribua para o desenvolvimento da osteoporose, a doença não pode ser tratada unicamente com suplementos de cálcio. Consulte o Capítulo Cinco sobre o tratamento da osteoporose, para verificar a combinação de vitaminas, minerais, medicamentos prescritos e exercícios destinados a tratar o seu estágio específico da doença.

Algumas pessoas não toleram a lactose no leite e alguns produtos derivados do leite. Por isso, elas evitam produtos lácteos e laticínios. A conseqüência é que o consumo de cálcio pode ser baixo durante anos. Este problema pode ser resolvido de várias maneiras, como demonstraremos no Capítulo Quatro.

Regimes alimentares de controle de peso podem conter pouca quantidade de cálcio. Uma cuidadosa atenção ao conteúdo de cálcio e de outros nutrientes, enquanto você faz a dieta, pode eliminar esse fator de risco. Isto será debatido no Capítulo Quatro. Pacientes mais idosos, acima de 65 anos, precisam de uma dose maior de cálcio porque seu intestino absorve o cálcio menos eficientemente.

Tabela 5

Quantidade diária recomendável de cálcio na dieta

Idade		Recomendação
Bebê	0 a 6 meses	360 mg
	6 a 12 meses	540 mg
Crianças	1 a 3 anos	800 mg
	4 a 6 anos	800 mg
	7 a 10 anos	800 mg
Adolescentes	11 a 18 anos	1.200 mg
Adolescentes grávidas	11 a 18 anos	1.600 mg
Mulheres grávidas	19 anos ou mais	1.200 mg
Mulheres lactantes	19 anos ou mais	1.200 mg
Adultos	19 anos ou mais	1.000 mg

Acidentes e quedas

Faz sentido o fato de que, se os ossos se enfraquecem, basta um pequeno acidente para provocar uma fratura. No 3º e 4º Estágios da osteoporose os ossos já se tornaram tão quebradiços que acidentes e quedas podem resultar em fraturas. Seria muito útil se pessoas com alto risco de osteoporose, ou com a doença já diagnosticada, evitassem acidentar-se e cair.

Os problemas físicos dessas pessoas vão desde falta de firmeza, fraqueza muscular, tonturas e problemas cardíacos até o uso de medicamentos que podem provocar falta de firmeza.

Outras situações que provocam quedas e acidentes muitas vezes são difíceis de identificar e às vezes são mera falta de sorte. Se tomarmos cuidado, é possível evitar tropeçar em objetos como mobília, fios de telefone e tapetes dentro de casa. Uma boa iluminação (especialmente à noite) na casa de pessoas mais idosas pode resultar em quedas menos freqüentes e limitar esse fator de risco.

Esse fator de risco é importante para aquelas pessoas que têm osteoporose e estão muito propensas a ter fraturas (3º e 4º Estágios). Lembre-se: nesses estágios basta um pequeno acidente para provocar uma fratura. Quedas menores, que teriam passado despercebidas anos atrás, agora podem resultar numa fratura do pulso, da bacia, da espinha ou de outro osso qualquer. Visto que algumas dessas quedas e acidentes podem ser evitados, seria especialmente proveitoso gastar algum tempo criando uma condição de vida tão segura quanto possível. Dê uma olhada na Tabela 6 e examine aquelas áreas da sua casa que necessitam de uma inspeção.

Um completo conhecimento dos fatores de risco é necessário para a prevenção da osteoporose. O próximo capítulo discute os sinais e sintomas da osteoporose à medida que ela se desenvolve e evolui.

Tabela 6
Viva com segurança

Ao assumir o controle sobre a sua casa e o seu ambiente de trabalho, você poderá evitar quedas e acidentes inesperados.

A listagem seguinte servirá como um lembrete para tomar cuidado em situações de insegurança antes que uma queda resulte numa fratura ou num osso quebrado.

Entrada da casa

- Nível da calçada ou das pedras
- Brinquedos e equipamentos de jardinagem devem ser removidos

- Mangueiras de água devem ser enroladas ou colocadas ao lado da casa
- Capachos devem ficar no nível do chão, sem pontas viradas
- O degrau de entrada na casa deve ter nível razoável e ser fácil de enxergar
- A iluminação do alpendre e do jardim deve ser adequada

Sala de estar

- Todos os fios elétricos devem estar junto à parede ou por trás dos móveis
- O espaço de passagem deve ser amplo, sem obstáculos ou mobília
- Os tapetes devem ficar junto ao chão e ter sob eles um forro antiderrapante.
- O nível dos ladrilhos deve ser homogêneo
- Evite encerar o chão para que as pessoas não escorreguem

Quarto de dormir

- A colcha da cama ou babados franzidos não devem encostar no chão para evitar tropeções
- A cama deve estar afastada da parede para facilitar o acesso ao se trocar a roupa de cama
- Os fios elétricos devem ficar por trás dos móveis
- Sapatos devem ser guardados na sacola apropriada pendurada no armário
- Todos os acessórios devem ficar num nível de fácil acesso e organizados em prateleiras
- O quarto deve ser bem iluminado

Banheiro

- Tapete liso antiderrapante no chão para evitar deslizamento
- Tapete antiderrapante na banheira ou no chuveiro
- Na banheira ou no chuveiro, uma prateleira acessível para guardar artigos de banho
- Use sabonetes líquidos para evitar escorregar no sabonete em barra
- Banheiro bem iluminado
- Luz apropriada para a noite
- Remédios mais usados colocados na prateleira inferior do armário
- Barras de segurança no chuveiro e perto do vaso

Cozinha

- Tapete antiderrapante perto da pia
- Chão liso para evitar tropeções

- Evite cera e outros produtos para dar brilho
- Utensílios raramente usados devem ser colocados nas prateleiras de cima
- Potes de mantimentos e panelas em nível de fácil alcance
- Artigos de plástico e de vidro em prateleiras mais baixas
- Para evitar esforço, mantenha os utensílios usados diariamente, como pratos, tigelas, copos e panelas, num nível da cintura até o dos olhos
- Tenha uma mesa de cozinha firme e cadeiras bem equilibradas

Os três fatores importantes a serem lembrados quando se põe em prática as regras para viver com segurança são:

1. Ande devagar — quando você corre, está sujeito a quedas.
2. Pense antes de se mover — a constante falta de cuidado aumenta o risco de você se acidentar.
3. Tome conta do seu ambiente — certifique-se de que seguiu as normas de segurança sugeridas.

SUMÁRIO

1. A osteoporose não acontece por acaso — algumas pessoas correm um risco muito maior de desenvolver a doença e de ter fraturas.
2. Os fatores de risco incluem:
   Falta de um programa regular de exercícios
   Menopausa nas mulheres, especialmente menopausa precoce
   Ter 40 anos ou mais
   Ser branco
   Ser fumante
   Ser mulher
   Membros da família com osteoporose
   Peso baixo para a altura
   Uso abusivo de álcool
   Certos medicamentos
   Certos problemas de saúde
   Baixo teor de cálcio na dieta
   Acidentes e quedas
3. O conhecimento dos fatores de risco permite a prevenção e o tratamento.
4. Se você tem mais de um ou dois fatores de risco, deve considerar uma prevenção mais específica.
5. Quanto mais cedo se começar a prevenção, mais eficaz ela pode ser. A prevenção da osteoporose pode começar na infância.

CAPÍTULO TRÊS

Os quatro estágios: Diagnóstico e detecção

O melhor tratamento para a osteoporose é a prevenção. Depois que a doença se instala no organismo, ela evolui através de alguns estágios. Em cada estágio, o tratamento pode retardar ou deter uma osteoporose mais grave e fraturas. Vamos falar sobre os sinais e sintomas da osteoporose — e como o diagnóstico é feito. Você será capaz de dizer em qual estágio a sua situação se adapta melhor. Nos Capítulos Quatro e Cinco veremos como você pode começar a prevenir e a lidar com cada estágio da osteoporose.

1º Estágio
Antes que a osteoporose seja detectada

Em geral, o 1º Estágio se inicia algum tempo depois que a pessoa se torna um adulto jovem, com freqüência começando entre 30 e 40 anos. Não há sinais visíveis ou sensações que permitam dizer que o processo está se iniciando. Na verdade, nenhuma radiografia ou outro teste prontamente disponível podem detectar eficazmente esse estágio. Se você tem um ou dois dos fatores de risco, então é razoável começar a empregar as medidas preventivas descritas no Capítulo Quatro.

Como você pode saber se esse processo gradual já começou? Como dizer se o processo que possivelmente levará à osteoporose começou a atuar no seu corpo? Não é possível dizer exatamente quando esse processo começa no indivíduo. Mas se você esperar até que o diagnóstico seja possível para iniciar as medidas específicas de prevenção, irá perder muitos anos valiosos. Uma vez que possamos dizer quais pessoas correm um risco maior de ter osteoporose, essas pessoas devem agir como se o 1º Estágio da osteoporose tivesse se iniciado. Isso permitirá que eles dêem os passos certos para conseguir a eliminação dos fatores de risco e, esperamos, retardar ou evitar a osteoporose. É verdade que algumas pessoas com fatores de risco talvez não venham a ter a doença. Contudo, uma grande parcela das pessoas com vários fatores de risco terá osteoporose. Enquanto não se fizerem novas descobertas sobre as causas da osteoporose, é mais seguro começar com medidas específicas de prevenção, caso você apresente mais de dois fatores de risco. Lembre-se dos sérios e potencialmente devastadores resultados da osteoporose, se ela deixar de ser tratada durante muitos anos.

Vamos considerar o exemplo de uma pessoa que pode estar no 1º Estágio da osteoporose. Recentemente, atendemos a uma senhora de 41 anos que estava preocupada com a possibilidade de ter a doença. Ela havia lido que a osteoporose é hereditária. A mãe e a avó dela tiveram menopausa precoce (por volta dos 44 anos) e sofreram fraturas aos 50 e poucos anos. Sua avó ficara corcunda e quebrara a bacia numa queda. E agora vive internada numa clínica de tratamento.

Essa mulher também havia evitado laticínios desde a adolescência, como parte de uma dieta contínua de baixas calorias. Fumava há dez anos.

Observemos os fatores de risco presentes. Essa mulher tem mais de 40 anos, fuma, e tem um preocupante histórico familiar de casos de osteoporose e, provavelmente, consumiu uma baixa quantidade de cálcio durante anos. Por certo, correrá um grande risco de ficar com osteoporose no futuro. Está num ponto excelente para começar com medidas preventivas específicas, pois está no 1º Estágio da doença. Ela tem de parar de fumar, tem de começar um programa de exercícios de condicionamento físico, aumentar o cálcio na dieta como se sugere no Capítulo Quatro, e tem de manter o corpo com um peso normal para sua estrutura óssea (ver Tabela 3). Estas medidas preventivas são simples e baratas. E trarão benefícios para a saúde em geral. Os passos dados agora poderão representar uma grande diferença nos anos seguintes, evitando fraturas. Trata-se de um investimento que pode pagar altos dividendos no futuro.

2º Estágio
A osteoporose torna-se detectável

Entre os 35 e os 55 anos, dependendo do número de fatores de risco presentes, a osteoporose se torna detectável. Ainda não há sensações ou quaisquer sinais externos, porquanto a doença ainda está no início. Mas há algumas outras formas de se detectar a osteoporose nesse ponto.

Se você tirar uma radiografia por outros motivos, peça ao seu médico para ver se há evidência de osteoporose presente nos ossos. Raios X são tirados por várias razões, e nem sempre poderão ajudar. Mas se acontecer de a osteoporose ser detectável, seria muito conveniente saber. Pode-se começar o tratamento explicado no Capítulo Seis. Um problema no uso dos raios X é que é necessária uma perda de 30% da densidade óssea para que ela se torne de fato visível.

Nos últimos anos, os pesquisadores tornaram disponíveis à maioria dos médicos e hospitais alguns dos mais novos e mais acurados testes para detectar a osteoporose. Esses testes medem diretamente a densidade dos ossos. O teste pode dizer com exatidão se há osteoporose e, quando há, pode ajudar a dar uma estimativa do risco de fraturas. Esses testes podem detectar a osteoporose muito mais cedo do que os raios X-padrão, com freqüência anos antes de acontecerem as fraturas.

Normalmente, mede-se a densidade óssea da bacia, da espinha ou do antebraço perto do pulso. Imagina-se que essas partes representem os outros ossos do corpo, sem haver necessidade de avaliação de cada um deles.

Há vários tipos de testes de densidade óssea disponíveis. Alguns incluem uma exposição adicional à radiação, e alguns não são tão precisos quanto outros. Os testes mais modernos (chamados de radiografias de dupla energia) são fáceis de fazer e não são dolorosos. Eles quase não têm exposição extra à radiação, e são considerados por muitos como o melhor teste existente. A informação obtida é muito útil para orientar o tratamento. Entretanto, nenhum teste pode prever com perfeição se haverá fratura óssea.

Alguns médicos, sugerem que todas as mulheres com mais de 40 anos deveriam fazer um teste de densidade óssea para detectar a osteoporose. Isso seria muito caro visto que há mais de 60 milhões de mulheres com mais de 40 anos nos Estados Unidos.

Quando devemos pensar em fazer um teste de densidade óssea? Eis aqui algumas sugestões práticas para você conseguir o maior número possível de informações sobre a osteoporose com um mínimo de gasto, de risco e de problemas.

1. Se a osteoporose for definitivamente constatada pela radiografia de uma fratura (3º ou 4º Estágios), o valor do teste consiste em que ele revelará a gravidade da osteoporose e ajudará na orientação do trata-

mento. Isto é importante, pois há tratamentos disponíveis que funcionam bem. O teste pode ser repetido um ou dois anos depois para avaliar o grau de melhora.

2. Se você tem alguns fatores de risco para desenvolver a osteoporose e planeja repetir o teste em um ou dois anos, para fazer uma comparação, é razoável fazer um teste de densidade óssea. Se ele não revelar a presença da osteoporose, continue com as medidas preventivas.
3. Os resultados do teste podem ajudá-lo a decidir-se por um tratamento diferente. Por exemplo, um paciente ou um médico podem querer evitar um alto teor de cálcio na dieta, ou fazer um tratamento com hormônio estrogênico ou outros remédios. Nessa situação, o teste que não acusar osteoporose poderá permitir que se retarde o início de alguns tratamentos. Se um caso grave de osteoporose for constatado, o teste de densidade óssea poderá permitir que o tratamento seja iniciado mais cedo, quando será mais útil para prevenir fraturas.
4. Pessoas com muitos fatores de risco podem querer ter toda a informação possível para a sua tranqüilidade de espírito.
5. Alguns problemas de saúde e alguns medicamentos, tais como remédios à base de cortisona, podem provocar a osteoporose. Seria útil fazer o teste de densidade óssea assim que isso se iniciar, para permitir o tratamento antecipado, se houver desenvolvimento da osteoporose.

Vamos agora considerar o exemplo de uma pessoa no 2º Estágio da osteoporose. Recentemente, examinamos em nossa clínica uma mulher de 49 anos, branca, fumante há 15 anos, e que tinha artrite reumatóide há 10 anos. Às vezes as crises de artrite eram bastante sérias e interferiam no seu trabalho como cabeleireira. Ela havia tomado prednisona (droga à base de cortisona) durante meses seguidos, ao longo desses anos, a fim de aliviar a artrite e poder continuar a trabalhar.

Essa mulher consultou o médico porque a dor da artrite se tornara insuportável e ficou muito preocupada com a possibilidade de uma futura osteoporose quando soube dos fatores de risco. Seus fatores de risco eram: ter mais de quarenta anos, ser mulher e branca, fumante, ter artrite reumatóide e fazer tratamento com um remédio à base de cortisona. Se ela sofresse uma fratura nos próximos anos, isso não seria uma surpresa! Ela fez um teste de densidade óssea e descobriu que tinha uma osteoporose significativa, embora não houvesse sintomas visíveis. Ela estava no 2º Estágio da doença e começou um programa de tratamento. Tomara que sua iniciativa evite fraturas e anos de dor daqui por diante! Como podemos saber que essa mulher teria uma fratura caso não fosse tratada? Não sabemos isso, mas faz sentido que, se for para evitar a perda de densidade óssea que resulta em osteoporose, será melhor começar logo o tratamento antes que aconteça o pior. Espera-se que os pesquisadores sejam capazes de dizer no futuro quais as pessoas com fatores de risco de fato desenvolverão a osteoporose.

3º Estágio
A osteoporose resulta em fraturas

No 3º Estágio da osteoporose, aconteceu uma fratura. Pode ter sido por causa de uma pequena queda ou entorse. A primeira constatação da osteoporose pode vir junto com uma fratura. Como você pode ver, isso não ocorre no início do processo da osteoporose. A fratura sara e a dor normalmente cessa por completo. É importante que se detecte a osteoporose que aumentou a oportunidade de ocorrência de uma fratura. Se a osteoporose não for tratada, é provável que ocorram outras fraturas e a doença evolua para o 4º Estágio.

O 3º Estágio talvez seja aquele em que é mais comum se reconhecer a osteoporose. Acontece uma fratura com ou sem um acidente sério ou queda. Principalmente se o acidente não for grave, é uma boa idéia procurar especificamente por indícios de osteoporose tirando uma radiografia. Pode-se usar em alguns casos a mesma radiografia tirada para verificar a fratura.

Se a osteoporose for diagnosticada depois de uma fratura, então ela pertencerá ao 3º Estágio. É provável que já exista há anos. Mas como não provoca sinais ou sintomas, não foi descoberta. Algumas vezes pode haver mais de uma fratura antes que se detecte a osteoporose.

Há pouco tempo atendemos uma mulher de 50 anos que havia quebrado um osso do tornozelo durante o trabalho. Seu médico achou que a fratura era mais grave do que o normal para um acidente desse tipo. Descobriu que a mulher estava com osteoporose, que provavelmente havia contribuído para a gravidade da fratura. Ela começou o tratamento do 3º Estágio da osteoporose, na esperança de evitar futuras fraturas.

Uma outra mulher, de 60 anos, foi examinada na ocasião. Ela sofrera uma fratura no ombro (úmero), num acidente de carro. O diagnóstico da osteoporose foi dado então quando ela tirou uma radiografia por causa do acidente do ombro. Fez-se um teste de densidade óssea para medir a gravidade da osteoporose. Se a densidade óssea é baixa, parece razoável suspeitar que o mais leve acidente possa provocar uma fratura.

Você provavelmente já ouviu falar de alguém, principalmente uma pessoa mais idosa, que teve fratura devido a um acidente aparentemente de pequenas proporções. Testes de densidade óssea são importantes para se verificar se existe osteoporose.

4º Estágio
Osteoporose com dor crônica e deformidade

À medida que houver mais fraturas, a dor pode tornar-se constante. As fraturas serão curadas, mas podem começar as deformidades. As mais comuns são as das costas, que dão à pessoa uma aparência curvada (ver Figura 6).

A perda da capacidade de andar provocada por uma fratura de bacia pode acontecer tanto no 3º quanto no 4º Estágio. Uma pesquisa descobriu que 50% das pessoas idosas que têm fratura de bacia ficam incapazes de andar como antes, e que até 20% delas podem morrer durante o primeiro ano.

O 4º Estágio acontece normalmente depois dos 55 anos. A conhecida aparência curvada ocorre em homens e mulheres. A postura curvada pode não provocar dor, mas muitas vezes as fraturas provocam sofrimento e limitação das atividades.

Analisemos alguns exemplos do 4º Estágio da osteoporose. Atendemos um homem de 63 anos com uma doença grave que requeria altas doses de remédios à base de cortisona. Isso permitiu que esse homem se recuperasse de seu problema de saúde. Esse homem também era fumante há muitos anos, era magro e seu peso estava abaixo do normal; por causa de seus problemas de saúde, havia limitado bastante suas atividades nos últimos anos. Um ano antes, ele passou a ter uma forte dor lombar que sentia tanto do lado direito quanto do lado esquerdo das costas. Tinha grande dificuldade para ficar em pé e para andar por causa dessa dor. Ficava acordado à noite devido à dor nas costas, que doíam até quando respirava mais profundamente. A dor melhorou gradativamente e, depois de alguns meses, desapareceu.

Ao voltar novamente à atividade, passou a sentir sérias dores na parte inferior das costas e ficou novamente incapacitado de andar. Depois de seis meses de sofrimento, descobriu que tinha algumas fraturas na espinha que o obrigavam a ter uma postura curvada. Fora de casa, tem de usar um andador para se movimentar. Espera-se que, à medida que ele ficar mais forte, torne-se menos limitado. Ele continua o tratamento para tentar evitar futuras fraturas.

Atendemos uma senhora com 65 anos que tinha várias fraturas na espinha provocadas pela osteoporose. Ela sentia dores constantes há mais de um ano e havia perdido uns cinco centímetros de altura. Começou a fazer o tratamento contra a osteoporose e, depois de dois anos, voltou ao seu emprego, que exigia que ficasse em pé por mais de seis horas diárias. Ela se livrou realmente da dor.

Infelizmente, histórias de sucesso representam apenas um lado da questão. Um dos resultados mais infelizes aconteceu a uma mulher com grave osteoporose. Ela teve um grande número de fatores de risco durante vários anos e desenvolveu fraturas na espinha com dor intensa, constante. Era incapaz de andar ou de cuidar de si mesma e ficou desencorajada e deprimida porque o progresso parecia muito lento. Seu marido também teve alguns problemas graves de saúde. Num momento de desespero, esse casal se suicidou.

Os sinais e sintomas da osteoporose aparecem muito tardiamente. Não é útil e não se recomenda esperar até que apareçam os sintomas da doença. Se você tem fatores de risco, deve estar consciente da necessidade da prevenção antecipada, da detecção da doença e do seu tratamento. Um teste para avaliar a densidade óssea pode orientar o tratamento.

Espera-se que futuras pesquisas permitam um melhor tratamento de casos graves e avançados de osteoporose. Enquanto isso não acontece, devemos nos concentrar na prevenção e no tratamento tão cedo quanto possível. Nunca é cedo demais para começar a prevenção e nunca é tarde demais para tratar a osteoporose.

Os Capítulos Quatro e Cinco lhe mostrarão como lidar com a osteoporose, dando-lhe diretrizes para prevenção e tratamento.

SUMÁRIO

1. No 1º e 2º Estágios, a doença não tem sintomas. No 2º Estágio, ela é detectável através de testes de densidade óssea antes que ocorram fraturas.
2. No 3º Estágio, os sintomas e os sinais são dados pelas fraturas dos ossos.
3. No 4º Estágio, os sintomas e os sinais resultam de mais fraturas, com sofrimento e deformidades.

4. Sinais e sintomas da osteoporose custam a aparecer e permitem um diagnóstico só depois que a doença já está avançada. Conhecer os fatores de risco permite a prevenção antecipada, a detecção e o tratamento da doença.
5. Testes de densidade óssea podem ser usados para avaliar a gravidade da osteoporose e para orientar o tratamento.

CAPÍTULO QUATRO

Um plano de prevenção contra a osteoporose

A osteoporose não tem cura conhecida. No entanto, medidas preventivas podem reduzir ou até mesmo deter o enfraquecimento dos ossos. Quanto antes você começar a controlar o seu estilo de vida para se prevenir contra a osteoporose, tanto mais eficaz será o resultado. A ação tomada num estágio inicial da doença pode produzir resultados melhores do que a mesma ação empreendida depois, no decurso da doença.

As medidas preventivas sugeridas neste livro não exigem uma mudança drástica no estilo de vida. Na verdade, a maioria dos nossos pacientes é capaz de incorporar à sua vida um programa diário de exercícios de condicionamento físico, e de incluir vitaminas e uma dieta rica em cálcio em seus planos, sem muitas reclamações. A maioria dos pacientes relata que, embora as medidas sugeridas se destinassem a ajudar a evitar a osteoporose, seu bem-estar geral melhorou assim que foram feitas as mudanças na dieta e nas atividades em geral.

Você pode decidir-se a tomar parte ativa começando esse controle quando ele for mais útil para gerar os maiores benefícios. A melhor regra é começar agora.

1º Estágio: Antes que a osteoporose seja detectável

O 1º Estágio da osteoporose pode começar algum tempo depois que a pessoa atingiu a maturidade, o que normalmente acontece por volta dos 20 ou 30 anos. O período de crescimento rápido e de formação do esqueleto da infância e da adolescência está diminuindo. A velocidade de formação dos ossos começa a diminuir lentamente. A velocidade do desgaste dos ossos pode ficar estável ou aumentar ligeiramente. Como resultado dessas mudanças, muito aos poucos, a quantidade total de tecido ósseo formado vai se tornando levemente menor quando comparada à quantidade total de tecido ósseo eliminado. Em um período de anos, isso pode resultar num gradual decréscimo na quantidade de densidade óssea, o que provoca a osteoporose.

Não se sabe exatamente o que faz esse processo ocorrer mais rapidamente numa pessoa do que em outra. Mas sabemos que algumas pessoas parecem correr mais riscos de apresentar esse problema do que outras. Depois de muitos anos, os ossos finalmente se tornam suficientemente fracos para que ocorram fraturas. Em geral, é este o momento em que suspeitamos pela primeira vez da osteoporose.

Seria muito melhor se pudéssemos dizer em que pessoas já se iniciou esse processo de menor formação de tecido ósseo do que o desgaste do mesmo. Então, idealmente poderíamos, de alguma maneira, corrigir o processo num ponto em que os ossos ainda seriam fortes. O problema é que ainda não se sabe o suficiente para possibilitar esse tratamento. No entanto, temos esperança de que os pesquisadores logo terão mais respostas.

Desde que é possível dizer quais pessoas provavelmente correm maior risco de ter osteoporose, parece razoável tentar mudar alguns dos fatores de risco que conhecemos. Removendo tantos fatores de risco quantos forem possíveis, poderemos diminuir a chance de um posterior desenvolvimento da osteoporose. Isso permitiria a prevenção da doença em vez de esperarmos pelas fraturas para iniciar o tratamento. É óbvio que, se as pessoas continuarem a esperar até terem fraturas antes de se tratarem, os médicos continuarão a ter de atender ainda mais fraturas e limitações, e os custos com a recuperação da saúde serão mais altos.

A prevenção específica deve começar por volta dos 35 anos, se você tiver mais de dois fatores de risco para a osteoporose. Se tiver mais de três fatores de risco, pode começar a prevenção mais cedo. O 1º Estágio é o momento onde há maior possibilidade de evitar realmente o progresso da osteoporose. É melhor não esperar até que ela possa ser facilmente diagnosticada, mesmo através dos mais modernos e sensíveis testes disponíveis.

Regra nº 1: Elimine quaisquer fatores de risco possíveis.

Você pode melhorar significativamente a prevenção e o tratamento da osteoporose tornando-se consciente do seu próprio conjunto de fatores de risco. Alguns não podem ser mudados, com a raça, o sexo e o histórico familiar. No entanto, alguns fatores de risco podem muito bem ser alterados.

Os fatores de risco que você pode mudar neste estágio de prevenção da osteoporose incluem a falta de um programa regular de exercícios, os efeitos da menopausa precoce, o hábito de fumar, o uso abusivo de álcool, certos medicamentos, certos problemas de saúde e o baixo teor de cálcio na dieta alimentar. Deve-se sempre evitar acidentes e quedas, mas isso se torna muito mais importante nos estágios posteriores da osteoporose, quando os ossos enfraquecem mais. Esse assunto será apresentado no Capítulo Cinco.

Exercícios regulares constituem a chave

Converse com o seu médico antes de começar qualquer programa de exercícios. Na prevenção da osteoporose você deve ter um programa de exercícios regulares incluindo atividades de condicionamento físico. A quantidade exata de exercícios necessários não é conhecida. Sugerimos exercícios regulares como andar de bicicleta, caminhar ou correr algumas vezes por semana, durante trinta ou quarenta minutos cada vez. Atividades de condicionamento físico são alguns dos mais fortes estímulos naturais para obter ossos mais fortes. Estamos convencidos da importância de exercícios regulares no tratamento da osteoporose, especialmente quando vemos os resultados, mesmo no caso da maioria dos pacientes graves.

Em acréscimo ao seu programa regular de exercícios para prevenção e tratamento da osteoporose, você precisa fazer ginástica para fortalecer os músculos das costas. Essa afirmação pode surpreendê-lo, visto que as costas muitas vezes são um centro de dores intensas. Entretanto, existem mais provas do que nunca de que os pacientes que apresentam mais melhora são aqueles capazes de iniciar e manter um programa regular de exercícios para as costas. A pesquisa mostrou que, quanto mais fortes forem os músculos das costas, mais fortes serão os ossos da espinha. A postura também melhora com o exercício. Isso ajuda a evitar tornar-se corcunda.

Músculos fortes nas costas só podem ser desenvolvidos através de exercícios. Nadar é um exercício excelente; contudo, esse esporte muitas vezes se torna inconveniente se não é continuado com regularidade. Em nossa clínica, ensinamos uma variação simples de exercícios para as costas. Se forem executados regularmente e do modo apropriado, exercícios num nível bastante adequado podem ser praticados em casa. Esses exercícios podem construir a necessária força muscular para as costas. Comprovou-se que, quando os ossos das costas são mais sólidos, os músculos das costas são mais fortes. O objetivo desses exercícios é tornar os músculos das costas mais fortes e flexíveis.

Os exercícios simples que recomendamos no Capítulo Sete podem ser feitos facilmente em casa pela maioria das pessoas. Antes de começar qualquer programa de exercícios aconselhe-se com o seu médico. Comece bem devagar. Por causa da dor, talvez seja preciso começar os primeiros exercícios apenas uma vez por dia. Aos poucos, aumente o número de exercícios até que possa executar um de cada tipo uma vez ao dia, passando depois a executá-lo duas vezes ao dia. Muitas pessoas acham mais fácil fazer esses exercícios pela manhã, ao se levantarem, e à noite, antes de se deitarem.

Se você sente dor, seria recomendável aplicar vapor quente no local do exercício. Há várias maneiras de usar vapor quente. Muitas pessoas acham mais fácil colocar uma cadeira ou banquinho (com pés de borracha, por questão de segurança) no chuveiro. Deixe a água quente banhar suas costas durante cerca de dez minutos. Então faça os exercícios. Outras formas de aplicar o vapor quente nas costas seria usando uma banheira com água quente, toalhas quentes ou um chuveirinho. Toalhas aquecidas, secas ou úmidas, podem funcionar bem depois que você tiver melhorado, mas são menos eficazes no começo. Escolha o método de aquecimento a vapor que considerar mais fácil e mais eficaz para você. O tratamento pode durar cerca de dez a vinte minutos. Os músculos das costas ficam menos rígidos e os exercícios normalmente ficam mais fáceis depois do aquecimento. À medida que melhorar, pode achar menos importante fazer isso antes de cada série de exercícios. Nesse caso, use o aquecimento a vapor só quando necessário para aliviar o desconforto.

Muitos pacientes com osteoporose perguntam sobre o uso de cremes analgésicos e de ungüentos encontrados na maioria das farmácias. Achamos que se esses cremes forem usados do modo apropriado (de acordo com as instruções da embalagem), e SE trouxerem de fato algum alívio à condição do paciente, então trata-se de mais uma forma aceitável de tratamento.

Exercícios para melhorar a postura podem ser praticados diariamente, enquanto você trabalha, vê televisão, lê ou executa outros deveres. Ficar atento à sua postura diária é importante para manter os músculos das costas fortes e a espinha direita. Evite sentar-se afundado numa cadeira ou ficar em pé numa posição relaxada. Isso provoca grande quantidade de tensão nos ossos da espinha e mais esforço para os músculos das costas. Quando se sentar, a cadeira deve ser firme. A parte inferior das costas deve ficar apoiada nas costas da cadeira. Tente manter os pés bem plantados no chão. Ao ficar em pé, seus músculos abdominais devem ficar esticados e os ombros devem ser mantidos retos para trás. Músculos abdominais fortes são importantes.

Excesso de treinamento pode ser prejudicial.

É possível fazer exercícios demais? Parece que agora, para o problema da osteoporose, a resposta é sim em alguns casos. Como dissemos anteriormente, as mulheres que participam de intenso treinamento físico, como corrida de longa distância, podem ter períodos menstruais menos regulares. O treino excessivo pode causar uma mudança temporária, nos níveis hormonais, que pode resultar em mudanças no período menstrual e em osteoporose. Recomendamos que o treinamento físico seja ajustado, ou que seja acrescentado outro tratamento para evitar fraturas nessa situação.

Como corrigir os efeitos da menopausa precoce

Depois da menopausa, as mulheres correm um risco muito maior de terem osteoporose. O risco será ainda maior se suas regras pararem antes da idade habitual, entre 45 e 55 anos. E será maior ainda se elas tiverem se submetido a uma cirurgia para remoção dos dois ovários, antes da menopausa. Para a maioria das pessoas, esse grande fator de risco pode ser bastante diminuído se tomarem hormônio estrogênico, que substitui a secreção natural desse hormônio pelos ovários. Mas há alguns perigos em potencial que analisaremos adiante, neste capítulo.

O hormônio estrogênico é vital.

Agora já é bem conhecido o fato de que o tratamento com estrógenos nos primeiros anos da menopausa pode retardar ou evitar o progresso da osteoporose. Uma vez que haja desgaste dos ossos e aconteça a osteoporose, o corpo fica muito limitado em sua capacidade de repor o tecido ósseo. Como o estrógeno é um medicamento que visivelmente retarda o progresso do desgaste ósseo, os pesquisadores aprovam o seu uso em mulheres que têm uma menopausa naturalmente precoce ou uma menopausa cirúrgica, na esperança de prevenir a rarefação dos ossos.

Tabela 7
Suplementos comuns de estrógenos

Comprimentos de estrógenos conjugado	Sistema transdérmico de
Comprimidos revestidos de estrógeno conjugado	Estraderm
Comprimidos de estrógenos	Comprimidos Ogen
Comprimidos de Premarin	Comprimidos Estrace
Comprimidos de Estratab	Comprimidos Estrovis
	Comprimidos Aygestin

A forma mais comumente usada desse hormônio é o estrógeno eqüino conjugado, que só pode ser adquirido com receita médica. Na Tabela 7 incluímos alguns nomes comuns do estrógeno.

A dose de hormônio estrogênico, que a maioria dos pesquisadores sugere como eficaz no combate à osteoporose, é a equivalente a 0,625mg de estrógeno conjugado por dia. Essa dosagem normalmente é ministrada de 21 a 25 dias a cada mês, começando pelo primeiro dia do mês. Nos últimos dias do mês, o hormônio não é ministrado.

Alguns médicos acrescentam outro hormônio feminino nos últimos sete dias da terceira semana de cada mês. Esses hormônios são chamados de progestina. São usados para diminuir o risco do crescimento excessivo da parede do útero. Pensa-se que a progestina pode diminuir o risco de câncer do útero. (Como analisaremos depois, esse risco pode ser controlado.)

O uso de progestina provoca o risco de uma elevação do colesterol e dos triglicerídeos no sangue, o que pode aumentar o perigo de uma doença da artéria coronária e de ataque cardíaco. Portanto, até que haja mais informação disponível, alguns médicos continuam a receitar hormônio estrogênico durante 21 dias do mês, sem progestina. Pergunte ao seu médico qual a melhor orientação no seu caso.

Se a sua menopausa foi natural (sem cirurgia), então você poderá ter sangramento pela vagina depois que começar o tratamento com o hormônio estrogênico. Ao ingerir esse hormônio, o útero é estimulado como era antes da menopausa. A hemorragia pode ser regular, como num típico período menstrual, ou então intermitente. Como existem outras causas sérias para hemorragia (inclusive câncer), é extremamente importante que cada mulher procure o seu ginecologista pelo menos uma ou duas vezes por ano. Pode-se tirar uma amostra da parede do útero (o que é diferente de fazer uma biópsia endometrial), para se ter a certeza de que não existem outras causas anormais para a hemorragia. Normalmente, pode-se fazer o exame de forma conveniente e segura no próprio consultório médico.

Visto que o estrógeno foi usado primeiro para o tratamento da osteoporose, tem havido certa preocupação de que o seu uso possa aumentar o risco de câncer no útero. Há algum aumento de risco, mas isso pode ser controlado, na maioria dos casos, se forem usadas doses pequenas de estrógeno e se o médico continuar a fazer os exames periódicos. Não se descobriu mudanças na extensão de vida, devido a esse câncer, em mulheres que usaram o hormônio depois da menopausa para evitar a osteoporose. O aumento do risco de câncer no útero pode ser controlado através de exames de rotina pelo seu médico, com intervalos de seis meses. Se o câncer for descoberto, normalmente está nos primeiros estágios, podendo ser tratado de maneira fácil e eficaz.

Há algumas opiniões de que os estrógenos podem aumentar a possibilidade do câncer de mama nas mulheres. Certas mulheres não deveriam usar estrógenos, por causa de um risco elevado já existente de desenvolver câncer de mama. Podem estar incluídas aqui as mulheres que já tiveram esse tipo de câncer e aquelas que têm um histórico familiar desse câncer. Um auto-exame regular, a mamografia e exames clínicos gerais com o seu médico devem ser constantes para todas as mulheres. Seu médico pode aconselhá-la quanto à sua situação pessoal.

Outro fator a considerar é que o tratamento com estrógenos tem um efeito benéfico sobre a saúde, diminuindo a probabilidade de uma doença coronária e cardíaca em 50% dos casos. Algumas equipes de pesquisa descobriram que a média geral de mortalidade em cada processo é a mesma ou mais baixa em mulheres que usam hormônio estrogênico depois da menopausa. Essa pesquisa, mais informações recentes sobre o risco de séria invalidez e morte devido a fraturas da bacia e de outros ossos, faz o tratamento com hormônio estrogênico parecer mais razoável. Se essas diretrizes forem seguidas com orientação médica e exames de rotina, você poderá ficar tranqüila sabendo que um bom tratamento para a osteoporose pode ser feito com razoável segurança.

Se você fez uma histerectomia, não deve haver sangramento vaginal devido ao tratamento com estrógeno. O hormônio é tomado nas mesmas doses, o equivalente a 0,625mg de estrógeno conjugado por dia. Você não precisará fazer o teste anual regular de amostragem da parede do útero. Mas ainda é uma boa idéia manter seu exame regular com o médico para o cuidado rotineiro da saúde, incluindo um exame pélvico.

Não há resposta exata disponível sobre por quanto tempo os hormônios devem ser tomados. Em geral, acredita-se que suplementos de cálcio ou mais cálcio na dieta combinado com o estrógeno podem tornar o tratamento mais eficaz na prevenção da osteoporose.

Alguns pesquisadores sentem que, após 15 ou mais anos depois da menopausa, a falta de estrógeno se torna menos importante para a osteoporose. Nesse ponto, outros tratamentos adquirem maior importância.

É preciso certificar-se de estar protegida tomando estrógenos, sem que haja outros riscos além dos já analisados. Há alguns outros problemas de saúde que podem fazer a pessoa ter uma probabilidade maior de efeitos colaterais. Entre eles estão coágulos sangüíneos (tromboflebite), ataque cardíaco (enfarte do miocárdio), coágulos sangüíneos no pulmão (embolia pulmonar) e intensas dores de cabeça. Como estes problemas podem ser muito graves, você deve discutir sua situação com o seu médico antes de iniciar um tratamento com hormônio estrogênico. Você precisa ter em mente que está tentando evitar uma paralisia em potencial e o devastador problema da osteoporose; no entanto, tem de fazê-lo com segurança. Isto é possível tomando-se cuidados razoáveis. O tratamento não precisa consumir muito tempo nem custar muito caro.

Os benefícios podem suplantar os riscos.

Ao decidir se vai ou não usar estrógenos, você deve considerar os benefícios e riscos gerais. Uma pesquisa recente mostrou que os benefícios do tratamento com estrógenos na prevenção de fraturas da bacia e outros ossos, depois da menopausa, parecem suplantar os riscos em muitas mulheres, mas não em todas. Lembre-se de que existe um risco de séria invalidez quando se quebra a bacia ou outro osso. Mas para algumas mulheres o tratamento com estrógenos pode não valer os riscos. Peça ao seu médico para ajudá-la a se decidir pelo melhor em seu caso.

Pare de fumar

Fumar pode duplicar seu risco de desenvolver osteoporose, bem como aumentar suas possibilidades de ter um problema cardíaco, um derrame, câncer e doenças pulmonares. Conhecendo estes fatos, você deve fazer um esforço consciente para parar de fumar.

Você pode recorrer ao escritório local da Associação Americana do Pulmão para obter informações sobre clínicas destinadas a eliminar o vício do fumo; seu médico também pode recomendar um tratamento com a hipnose ou prescrever adesivos de nicotina. A maioria dos nossos pacientes que usam o adesivo conseguem abandonar esse hábito mortal. Parar com qualquer hábito não é fácil, mas as recompensas por deixar de fumar superam de longe a dificuldade dos primeiros dias sem o cigarro. Se precisar de ajuda para parar de fumar, busque assistência numa clínica qualificada, de boa reputação, ou então procure o seu médico.

Pare de consumir álcool em excesso

Ultimamente, o álcool tem sido visto como uma das causas que contribuem para que algumas pessoas tenham osteoporose — tanto homens como mulheres. A doença normalmente é encontrada naquelas pessoas que abusaram do consumo de álcool durante muitos anos. Esses pacientes podem ter dores nas costas e fraturas, como acontece com outras causas da doença. Muitos dos afetados são jovens, de 30 a 40 anos, mais jovens do que o normal para terem fraturas provocadas pela maioria das outras causas da osteoporose.

Se você é um consumidor inveterado de bebidas, busque informações em sua comunidade, em grupos de apoio como os Alcoólicos Anônimos, para saber como se livrar deste vício. Recomendamos aos pacientes que podem tolerar o álcool, que limitem seu consumo diário a uma ou duas doses de bebida destilada, meia garrafa de vinho, e de um a três copos de cerveja, ou menos. Pequenas quantidades de álcool são aceitáveis para cozinhar, visto que a maior parte do álcool se evapora.

Cuidado com certas medicações

Alguns medicamentos tomados para outros problemas de saúde podem aumentar o risco de se desenvolver a osteoporose. Entre os mais comuns está o grupo de drogas à base de cortisona. Lembre-se de que todas estas drogas afins aumentam o risco da osteoporose. Há muitos nomes e formas diferentes de cortisona. Essas drogas podem ser necessárias para o controle de outras doenças.

Se for essencial recorrer a uma medicação desse grupo, sempre tente tomar a menor dose possível durante o menor tempo recomendado pelo seu médico. Também assegure-se de que está obedecendo as outras formas de prevenir a osteoporose. Se isso for feito, essas drogas à base de cortisona podem ser tomadas com a menor quantidade de risco adicional para a osteoporose.

Há muita propaganda, e o uso de antiácidos em comprimidos ou líquido é muito difundido para neutralizar a acidez estomacal, para tratar azia e indigestão, úlceras no estômago ou duodeno, e para aliviar outros problemas. Muitos desses antiácidos contêm alumínio. Se tomados regularmente isso pode resultar numa perda excessiva de cálcio no organismo. O cálcio é removido dos ossos numa tentativa do corpo para suprir a perda extra de cálcio, o que torna mais difícil para o organismo formar novo tecido ósseo. Um aumento da ingestão de cálcio na dieta pode compensar essa perda extra de cálcio. Esteja consciente dessa possibilidade e evite ingerir doses altas e freqüentes de antiácidos que contenham alumínio.

Medicação para a tireóide é usada no tratamento daquelas pessoas que, por diferentes razões, têm níveis de hormônio da tireóide inferiores aos normais do seu corpo. Se houver uma quantidade excessiva de medicamentos para a tireóide presente no organismo, podem ocorrer fraturas e osteoporose. Estes seriam problemas semelhantes ao da glândula tireóide hiperativa que produz hormônio em excesso. Uma pesquisa recente sugere que até mesmo quantidades normais e corretas de medicação da tireóide dadas aos pacientes às vezes podem resultar em osteoporose. Nesses casos, a prevenção pode incluir a diminuição da dose de medicação para a tireóide, bem como qualquer outra prevenção para a osteoporose. Se o paciente já tem a doença, o tratamento deve incluir a diminuição da dose de medicamentos da tireóide e o acompanhamento das diretrizes de tratamento delineadas no Capítulo Cinco. Deixe que o seu médico o oriente ao fazer essas mudanças, caso você necessite de medicação para a glândula tireóide.

Outros problemas de saúde

Por razões que ainda não são claras, certos problemas de saúde parecem aumentar a probabilidade de a osteoporose aparecer. Esses problemas são analisados no Capítulo Dois. Se você tem um desses problemas, será importante fazer o melhor controle possível e o tratamento mais indicado.

Permita que seu médico o ajude a controlar os problemas que podem acelerar a osteoporose:

- Artrite reumatóide
- Diabetes melito
- Enfisema e bronquite crônica
- Certos tipos de cirurgia no estômago, especialmente remoção de parte do órgão
- Outros problemas incomuns de saúde

Corrija o baixo teor de cálcio na dieta

A pesquisa sugere que aumentar a quantidade de cálcio numa dieta pode tornar o processo da osteoporose mais lento nas mulheres. Mas é muito difícil fazer experiências científicas nos seres humanos para esse tipo de dieta. Dietas com alto teor de cálcio ao longo da vida, especialmente nos anos de desenvolvimento, parecem aumentar a quantidade de tecido ósseo formado à medida que o esqueleto amadurece. Isso faria com que houvesse mais tecido ósseo presente antes que o processo da osteoporose se instalasse no organismo. A idéia é formar o máximo de força óssea antes que a osteoporose diminua lentamente a quantidade de tecido ósseo presente. Uma dieta cuidadosa, com ingestão de cálcio, deve começar na infância. A ingestão média de cálcio nos Estados Unidos foi estimada em 450 a 550mg por dia; contudo, a necessidade de cálcio de um adulto é de 1.000mg por dia.

Para ajudar a prevenir a osteoporose, recomenda-se que as mulheres tomem 1.000mg de cálcio por dia, antes da menopausa. É razoável fazer a mesma recomendação para os homens, com ênfase particular na ingestão adequada de cálcio após os 50 anos. A quantidade de cálcio recomendada diariamente para crianças é de 800mg, e os adolescentes devem ingerir 1.200mg ao dia. Mulheres grávidas e mulheres que amamentam devem ingerir 1.200mg de cálcio diariamente (ver Tabela 5).

O consumo adequado de cálcio pode ser assegurado através da dieta ou pela ingestão de suplementos de cálcio. Na dieta, o consumo de cálcio pode ser facilmente aumentado, bastando seguir algumas sugestões. Não deixe de incluir em sua dieta três ou quatro refeições por dia com alimentos ricos em cálcio. Uma porção de leite e laticínios, três vezes ao dia, pode suprir a maior parte da sua necessidade diária de cálcio. Apenas dois copos de leite desnatado junto com uma taça de iogurte desnatado completarão as 1.000mg de que você necessita a cada dia. Use a tabela para avaliar a ingestão diária, e então acrescente um suplemento de cálcio se for necessário.

Se está tentando diminuir a quantidade diária de calorias a fim de perder peso ou para evitar engordar, não é necessário eliminar completamente os laticínios de sua dieta. Você pode optar por produtos de leite desnatado ou com baixo teor de gordura. Em geral, esses produtos oferecem os mesmos benefícios do cálcio, sem calorias elevadas. Muitos produtos novos, como queijos e iogurte com baixo teor de gordura, estão agora à disposição dos consumidores, bem como excelentes misturas achocolatadas com alto teor de cálcio.

A vitamina D é necessária ao corpo para ajudar a absorção do cálcio. A exposição ao sol permite que o corpo produza a vitamina D. Beber leite enriquecido com vitamina D também pode suprir as necessidades orgânicas. Certos alimentos são mais ricos em vitamina D do que outros (ver Tabela 8).

Os nutricionistas oferecem mais algumas sugestões para ajudar na escolha de alimentos mais indicados para as necessidades do cálcio do corpo. Grandes quantidades de gordura e proteínas na dieta podem interferir na absorção do cálcio. Seria aconselhável evitar alimentos excessivamente gordurosos, especialmente se ingeridos ao mesmo tempo que alimentos ricos em cálcio ou suplementos de cálcio.

Certos alimentos podem aumentar a ingestão de fosfatos (especialmente comuns em refrigerantes e em muitos alimentos congelados). Se o uso for contínuo, isso pode resultar em maior perda de cálcio do corpo por causa do modo como o mesmo opera com o fósforo. Quantidades moderadas desses alimentos na dieta parecem ser aceitáveis.

Alguns alimentos que contêm cálcio, tais como os vegetais com folhas verdes — como o espinafre —, contêm oxalato. Esse oxalato pode diminuir no corpo a absorção do cálcio contido nesse produto. Nesses casos, embora o alimento contenha cálcio, o mesmo pode não ficar tão disponível para o corpo como o cálcio contido em outros alimentos. Conhecer esse fato permite que você inclua outras fontes de cálcio na sua alimentação.

Alguns estudiosos descobriram coincidências de que altas quantidades de cafeína na dieta podem aumentar a perda de cálcio. A cafeína está presente em muitas bebidas, como café, Coca-Cola e outros refrigerantes. Seria razoável evitar o seu consumo em excesso até que se disponha de mais conhecimentos sobre a cafeína na osteoporose.

Além do cálcio incluído na dieta, um consumo adequado de cálcio pode ser garantido tomando-se suplementos de cálcio. Uma maneira simples de assegurar cálcio suficiente é ingeri-lo em tabletes ou cápsulas. Normalmente, esses suplementos não têm calorias, o que ajuda as pessoas que estão tentando perder peso. Saiba que há diferentes tipos de cálcio disponíveis no mercado.

A espécie mais barata de cálcio pode ser tão eficaz quanto os caros comprimidos e cápsulas, desde que a quantidade apropriada de cálcio esteja contida no produto. Certifique-se apenas de tomar a quantidade total correta. Essa informação deve estar na embalagem ou no rótulo da garrafa.

Cada espécie de cálcio pode conter diferentes quantidades de cálcio de fato disponíveis para o seu corpo. O carbonato de cálcio ou a concha de ostra são os tipos comuns de cálcio, dos quais o organismo pode absorver o mais alto porcentual de cálcio para a formação dos ossos. Cerca de 40% de carbonato de cálcio ou de concha de ostra são absorvidos pelo seu corpo. Significa que, se uma pílula contém 500mg de carbonato de cálcio ou de concha de ostra, isso permitirá ao seu corpo uma absorção de cerca de 200mg de cálcio.

O lactato de cálcio oferece menos cálcio para seu corpo absorver. Um comprimido com 650mg de cálcio terá cerca de 84,5mg disponíveis para o seu corpo. Se você consome menos cálcio do que o recomendado, convém adicioná-lo à sua alimentação na forma de laticínios, ou então levar em conta o uso de suplementos de cálcio.

O principal efeito colateral da ingestão demasiada de cálcio é o risco de desenvolver cálculos renais. Se você já teve pedra nos rins deve definitivamente consultar seu médico antes de aumentar a ingestão de cálcio. Então poderá decidir se os benefícios valerão os riscos. Se no seu caso for importante usar o cálcio, existem exames de urina e outros estudos para ajudá-lo a verificar se é seguro continuar com a alta dosagem de cálcio.

Lembre-se de que a vitamina D aumenta a absorção de cálcio pelo corpo. A conseqüência de se tomar vitamina D em excesso (especialmente em grandes doses) junto com o cálcio, é provocar uma maior absorção de cálcio, o que poderá causar altos níveis de cálcio no sangue, podendo resultar em náuseas, prisão de ventre e doenças sérias. O uso cuidadoso da vitamina D é necessário. Isso será analisado no Capítulo Cinco. No 1º Estágio, o da prevenção, o uso de vitamina D pode ser limitado ao que se recomenda diariamente: 200 unidades para adultos e 400 para crianças.

Determinados suplementos de cálcio podem provocar náusea, podem ser difíceis de engolir ou produzir outros efeitos colaterais indesejáveis. Escolha o suplemento que for mais conveniente para você e que não estimule efeitos colaterais.

SUMÁRIO

1º ESTÁGIO: Prevenção — Antes que a osteoporose seja detectável

1. Remova quaisquer fatores de risco existentes.
2. Comece um programa regular de exercícios.
3. Depois da menopausa, as mulheres devem considerar o acréscimo de estrógenos, com acompanhamento médico.
4. Pare de fumar.
5. Evite o consumo excessivo de bebidas alcoólicas.
6. Limite aqueles medicamentos que aumentam a possibilidade de desenvolver a osteoporose.
7. Trate daqueles problemas de saúde que contribuem para a osteoporose.
8. Para a prevenção da osteoporose, os adultos necessitam de 1.000mg de cálcio diariamente na alimentação ou através de suplementos de cálcio.

CAPÍTULO CINCO

Um plano de tratamento para a osteoporose

Como afirmamos anteriormente, a osteoporose não tem cura conhecida. Embora as medidas preventivas sejam o meio mais apropriado de deter ou tornar mais lento o progresso da doença, existem métodos de tratamento que podem ser benéficos para o paciente que tem esse mal.

As medidas preventivas devem começar a ser tomadas na infância, na adolescência e no início da idade adulta para se obter os melhores benefícios. Como dissemos no Capítulo Quatro, a osteoporose algumas vezes acontece depois que a pessoa chega à maturidade. Medidas preventivas eficientes tomadas no 1º Estágio do mal podem resultar numa diminuição da possibilidade de se desenvolver osteoporose e fraturas debilitantes.

2º Estágio: A osteoporose torna-se detectável

O 2º Estágio da osteoporose em geral se inicia a partir dos 35 anos ou mais. Se houver muitos fatores de risco, esse estágio pode até começar mais cedo. Nesse ponto, o decréscimo gradual na formação de tecido ósseo descrito no 1º Estágio já está acontecendo, em geral, há anos. Além disso, o processo de eliminação de tecido ósseo continua. Muito vagarosamente, a quantidade total de tecido ósseo e a densidade óssea foram diminuindo. Os ossos ainda são bem fortes; portanto, não acontecem fraturas inusitadas. Isso ocorre antes que surjam quaisquer sintomas de dor ou fratura, porém anos depois que se iniciou o estágio de prevenção apresentado no Capítulo

Quatro. Finalmente, a osteoporose torna-se detectável por uma radiografia de rotina, tais como a do tórax e outras.

Também é possível descobrir a osteoporose através de um teste de verificação de densidade óssea, como o descrito no Capítulo Três. No momento, esses testes são os métodos mais sensíveis e mais facilmente disponíveis para lhe dizer se você está com osteoporose. O Capítulo Três explica os testes atualmente à disposição dos pacientes e sugere algumas diretrizes para você decidir se quer usar este método.

Se a osteoporose for descoberta por qualquer um dos testes, mas não houve fraturas, é razoável começar a fazer um tratamento. Esperamos que a ação imediata do tratamento evite as fraturas. É importante seguir algumas regras.

1ª Regra: Afaste quaisquer possíveis fatores de risco.

Você ainda pode retardar o progresso da osteoporose neste ponto. Uma pessoa no 2º Estágio da doença deve tentar eliminar qualquer fator de risco possível, como foi descrito no 1º Estágio, Capítulo Quatro.

2ª Regra: Decida se deve usar outros medicamentos.

Tratamento com hormônio estrogênico

O tratamento com hormônio estrogênico deve se levado em conta com seriedade no 2º Estágio, principalmente por mulheres que chegaram à menopausa, porque a osteoporose já está definitivamente desenvolvida no organismo. Lembre-se de que o estrógeno é mais eficaz na osteoporose quando usado antecipadamente. Fale com seu médico. Releia o que dissemos no Capítulo Três sobre o tratamento com esse hormônio. Se não houver motivos para evitar estrógenos no seu caso, então o seu uso é altamente recomendado.

Recomenda-se a vitamina D

Uma das funções da vitamina D no corpo é ajudar a absorver cálcio do intestino. Alguns pacientes com osteoporose tem um nível inferior de vitamina D no organismo e uma absorção de cálcio do intestino menos eficaz. A vitamina D é fabricada pelo corpo mediante exposição ao sol, ou ingerida através dos alimentos.

Esta vitamina é recomendada como medicamento a fim de aumentar a absorção de cálcio pelo organismo, deixando mais cálcio disponível no corpo para a formação de ossos. Infelizmente, houve poucas provas convincentes de que adicionar doses elevadas de vitamina D ajuda a evitar fraturas ou a retardar a osteoporose. Pode haver um efeito benéfico, mas até agora isso não foi comprovado. Os pesquisadores descobriram que a vitamina D sozinha não evita o desgaste ósseo provocado pela perda de estrógenos durante a menopausa. Portanto, não constitui uma alternativa para o tratamento com hormônio estrogênico. Se você não consome uma quantidade adequada de vitamina D na sua alimentação, e não se expõe muito à luz solar, precisa definitivamente de um suplemente de vitamina D.

As pessoas que passam a maior parte do tempo dentro de casa correm um risco especial de terem carência de vitamina D. A quantidade padrão de vitamina D necessária é de 300 a 400 unidades por dia. Para aumentar a absorção de cálcio do intestino, o consumo da vitamina D pode ser aumentado em até 800 unidades diárias, que podem ser ingeridas através dos alimentos ou de um suplemento. Os alimentos que contêm vitamina D estão relacionados na Tabela 8. Algumas das opções disponíveis de suplementos de vitamina D encontráveis nas farmácias ou nas lojas de alimentos naturais são mencionados a seguir.

Doses muito altas de vitamina D (acima de 800 unidades por dia) podem elevar os níveis de cálcio no sangue mais do que a taxa normal, e isso resulta em doença. Essas doses elevadas têm de ser receitadas e controladas pelo seu médico. A vitamina D em doses menores pode ser adquirida nas farmácias e nas lojas de alimentos naturais, ou segundo indicação do seu médico.

As Tabelas 8 e 9 mostram algumas fontes comuns de vitamina D em alimentos e suplementos vitamínicos.

	Suplementos de vitamina D
Calciferol	Doses mais elevadas somente com prescrição médica
Ergocalciferol	Doses menores podem ser compradas no balcão
Vitamina D2	Disponível nas farmácias e lojas de alimentos naturais.

Tabela 8
Algumas fontes de vitamina D nos alimentos

Alimento	Quantidade	Vitamina D (IU)
Cereais		
Flocos de fibra	3/4 xícara	100
Flocos de passas	3/4 xícara	100
Enguia defumada	100g	6.400
Ovo	1, médio	27
Substituto do ovo	1/2 xícara	26
Margarina	1 colher de sopa	45
Sardinhas em lata no óleo	100g	300
Salmão em lata	100g	500
Leite enriquecido	1 xícara	100
Leite evaporado em lata	1/2 xícara	88

3º Estágio:
Osteoporose com fraturas

O 3º Estágio geralmente acontece entre os 55 e os 70 anos, embora possa começar mais cedo, especialmente se houver outros problemas, como menopausa precoce, uso de certos medicamentos, consumo exagerado de bebidas alcoólicas ou treinamento físico excessivo. Na maioria dos casos, a osteoporose já existia anos antes sem ser detectada.

No 3º Estágio, o enfraquecimento e a perda da densidade óssea já são tão grandes que qualquer acidente pode resultar em fratura. O acidente pode ser suficientemente grave para causar uma fratura em circunstâncias normais como, por exemplo, uma queda ou batida de automóvel. Ou o acidente pode ser de pequena proporção, como um tropeção. As fraturas podem acontecer na espinha, na bacia, nos pulsos ou em outros ossos. À medida que o 3º Estágio avança, basta um acidente leve para provocar uma fratura. Finalmente, até atividades diárias rotineiras, como caminhar ou levantar um peso, podem provocar esse tipo de lesão.

Tabela 9
Suplementos de cálcio com vitamina D

Nome	Forma de cálcio	Quantidade real disponível de cálcio	Quantidade de vitamina D
Comprimidos Calcet	lactato de cálcio	240mg/comprimido	100 IU
	gluconato de cálcio	240mg/comprimido	
	carbonato de cálcio	152mg/comprimido	
Dical-D cápsulas	difosfonato de cálcio	3 cápsulas 350mg	3 cápsulas: 399 IU
Dical-D drágeas	difosfonato de cálcio	2 drágeas: 464mg	2 drágeas: 400 IU
Os-Cal 250 comprimidos	concha de ostra	250mg/comprimido	125 IU

1ª Regra: Fraturas exigem atenção médica.

Quando se fratura a bacia, o pulso ou outro osso, é necessário o cuidado apropriado de um ortopedista. Pode ou não haver a necessidade de uma cirurgia, dependendo da gravidade da fratura. Para fraturas da bacia, a maior vantagem da operação é que ela permite que o paciente volte a andar, muito mais depressa. O paciente pode ficar de sete a dez dias no hospital, e talvez já possa andar na ocasião em que receber alta. Sem a operação, podem ser necessárias seis ou mais semanas de repouso no leito, e então haverá um progresso muito lento até a pessoa começar a andar outra vez. Um tempo tão longo na cama é perigoso por várias razões. A longa permanência no leito pode aumentar a probabilidade de formação de coágulos de sangue nas pernas e na pélvis; os coágulos podem alcançar os pulmões, causando risco de vida. Esse período de inatividade também aumenta o desenvolvimento da osteoporose, o principal problema que estamos tentando resolver.

Numa fratura do corpo vertebral na espinha, que normalmente inclui o centro ou a parte inferior das costas, a dor pode ser muito intensa. A dor muitas vezes surge de repente e pode durar de três a seis semanas.

Depois de erguer um peso, a pessoa pode sentir dor no meio das costas. Isso também pode acontecer depois de se inclinar ou se abaixar. Algumas pessoas notam o mal-estar pela primeira vez no período da manhã, ao se levantarem. A dor pode resultar de uma fratura no tórax ou na parte lombar da espinha. No início, pode ser mais forte e durar uns poucos dias ou até algumas semanas. Normalmente, depois de algumas semanas, o desconforto começa a diminuir. No início, muitas vezes é preciso ficar de cama para aliviar a dor. Sentar-se ou ficar em pé faz a dor ficar mais forte. Depois que a dor diminuiu, em geral é possível começar a se sentar outra vez, gradualmente. Em seguida, deve-se tentar ficar em pé e andar. É muito importante seguir as normas que seu médico estabelecer para um gradativo aumento de atividade. O médico pode certificar-se de que não existem outros problemas que necessitem de tratamento. Algumas doenças graves podem provocar fraturas na espinha e exigir tratamento específico. À medida que a dor diminui, pode-se aos poucos retomar as atividades, caso não intensifiquem a dor.

Durante o período de dor mais intensa, em geral são necessários medicamentos. Muitas vezes a dor é tão intensa que a pessoa tem dificuldade para dormir. Pode-se adquirir alguns analgésicos no balcão da farmácia, tal como o Ibuprofen (Advil). Se esses analgésicos não aliviarem a dor, pode-se usar outro remédio analgésico como propoxifene (Darvon), sozinho ou combinado com acetaminofen (Darvocet), ou codeína com acetaminofen. Esses analgésicos só são vendidos mediante receita médica e devem ser usados com muito cuidado. Utilize esses remédios unicamente durante os dias e noites em que a dor for muito forte; em seguida, mude para Advil ou para outro analgésico, assim que sentir algum alívio.

Alguns pacientes com fraturas podem precisar ser internados no hospital para aliviar a dor. No hospital ou no consultório do médico, o paciente tem de ser examinado por um fisioterapeuta que o ajude a começar, gradativamente, a aumentar a atividade e o exercício.

Controle da dor na osteoporose

Sem receita	*Com receita*
Ibuprofen (Advil)	Propoxifene (Darvon)
Acetaminofen	Codeína
Aspirina	

Aumento gradual dos exercícios

Logo que a dor associada ao 3º Estágio melhorar, o uso de analgésicos deve ser evitado tanto quanto possível. Assim que atividades como sentar-se, ficar em pé e caminhar se tornarem possíveis, pode-se acrescentar um programa de exercícios com instrução e supervisão adequadas, como está descrito no Capítulo Sete. No 3º Estágio, o paciente pode usar uma braçadeira ou um apoio para a espinha. A braçadeira deve ser utilizada pelo menor espaço de tempo possível, porque esses suportes não ajudam o corpo a aumentar a força dos músculos das costas. A braçadeira pode enfraquecer os músculos das costas se usada durante um período prolongado de tempo. Os suportes devem ser usados se for necessário aumentar a atividade da pessoa além do que a dor lhe permite.

Na nossa clínica, em geral não consideramos as braçadeiras muito úteis nessa situação. Descobrimos que os pacientes muitas vezes não gostam de usá-las porque com freqüência são pesadas, quentes e caras.

A importância de um programa de exercícios nunca será suficientemente enfatizada. Discutimos repetidas vezes com nossos pacientes sobre a necessidade do exercício regular para que essa parte importante do tratamento seja entendida e seguida.

2ª Regra: Afaste todos os possíveis fatores de risco.

Assim que a fratura tiver sarado, comece a eliminar os fatores de risco, de acordo com o que está descrito no Capítulo Quatro. Nunca é tarde demais para começar a agir de modo a retardar um maior enfraquecimento dos ossos. Cada fator de risco que puder ser eliminado ajudará a diminuir a possibilidade de ocorrer outra fratura. Lembre-se de que essas fraturas custam a sarar. Então é mais do que hora de fazer tudo o que for possível para evitar novas fraturas no futuro.

A prevenção de acidentes e quedas torna-se mais importante no 3º Estágio da doença. Como se perdeu força nos ossos, acidentes mínimos podem resultar em fraturas. É especialmente importante nesse ponto rever a tabela de segurança do Capítulo Três, para aprender como tornar o ambiente do paciente tão seguro quanto possível. Use a lista de cuidados indispensáveis para ter a certeza de que não haverá acidentes que poderiam ser evitados.

3ª Regra: Medicações a considerar.

Cálcio, vitamina D, hormônio estrogênico

No 3º Estágio, deve-se incluir suplementos de cálcio, aproximadamente 1.500mg por dia, e vitamina D, até 800 unidades diárias, se a ingestão de vitaminas pelo paciente for inadequada ou se ele não tomar sol suficiente.

O suplemento de vitamina D é útil especialmente para pessoas cuja atividade física é muito restrita, como os internados em casas de repouso. A vitamina D pode ser comprada na sua farmácia ou em lojas de alimentos naturais mediante receita médica.

Se o 3º Estágio ocorrer poucos anos depois da menopausa, o tratamento com estrógenos precisa ser levado em conta. Se a menopausa tiver ocorrido há mais de 20 anos, os estrógenos ainda podem ser úteis, embora não haja provas do fato. Alguns pesquisadores sugerem adicionar hormônio estrogênico até a idade de 75 anos, dependendo da situação individual. Se não houver outro problema de saúde que torne o uso de estrógeno prejudicial, você pode pensar em usar esta medicação de acordo com o conselho do seu médico. Podem passar-se alguns anos antes que esta questão seja definitivamente respondida. Analise o assunto com o seu médico buscando a melhor resposta para a sua situação. Leia o que escrevemos sobre o tratamento com hormônio estrogênico no Capítulo Quatro.

Fluoreto

O fluoreto é um remédio que pode ser usado, embora ainda não tenha sido aprovado pela Food and Drug Administration. Ele vem sendo empregado há anos no tratamento da osteoporose, desde que se constatou que a população que mora em áreas com maior taxa de fluoreto na água potável tem menos fraturas devidas à osteoporose. Imagina-se que o fluoreto aumenta a formação de tecido ósseo e densidade óssea. É importante ter uma quantidade adequada de cálcio incluída na sua dieta ou então tomar suplementos de cálcio junto com o fluoreto. Alguns pesquisadores descobriram que a densidade óssea dos pacientes que tomaram fluoreto aumentou. Normalmente são necessários um ou dois anos de tratamento para aparecer uma reação nos ossos. Alguns pesquisadores descobriram que um tratamento de quatro a cinco anos é mais eficaz.

Embora o fluoreto aumente a densidade óssea ainda não se provou que ele diminui realmente o número de fraturas causadas pela osteoporose, e não é usado rotineiramente. Doses elevadas de fluoreto podem provocar náusea, diarréia e ataques agudos de dor nas articulações e nos ossos. Continua-se fazendo testes neste momento para tentar descobrir até que ponto o fluoreto é eficaz e qual a dose mínima necessária para proteção na osteoporose, com o menor número de efeitos colaterais. Até que esses testes sejam completados, o tratamento com fluoreto só deve ser aceito para casos mais graves de osteoporose e somente sob a orientação cuidadosa do seu médico. O custo varia, mas em geral fica por volta de 10 a 20 dólares mensais, dependendo da dose.

Calcitonina

A calcitonina é um hormônio normalmente gerado pelo corpo. Um de seus efeitos é diminuir a atividade das células que removem o cálcio dos ossos. A calcitonina foi testada em pacientes com osteoporose porque, ao que parece, há casos de osteoporose em virtude da eliminação rápida demais de substância óssea. Alguns testes mostraram que há um aumento de densidade óssea em mulheres com osteoporose depois de serem tratadas com calcitonina. Não se tem como certo que a calcitonina também previna fraturas, embora pareça razoável esperar esse efeito. Estão sendo feitos testes em alguns centros médicos para responder a essa questão. Quanto mais grave a osteoporose, mais razoável seria levar em conta um tratamento com calcitonina. O seu médico pode ajudá-lo a decidir se o tratamento irá valer a pena ou não.

A calcitonina não é absorvida pelo organismo se for ingerida por via oral. Portanto, o medicamento deve ser ministrado através de injeção. A dose normal recomendada vai de duas vezes por semana até uma injeção por dia. As injeções podem ser aplicadas no músculo do braço ou da perna. O custo do remédio e das seringas para três injeções semanais gira em torno de 60 a 130 dólares por mês. Podem ocorrer efeitos colaterais como náusea e erupções, mas em geral não são um grande problema para a maioria dos pacientes. Calcimar e Cibacalcin são marcas de calcitonina.

Há outros medicamentos usados para tratar a osteoporose, especialmente se os tratamentos não tiveram êxito. Um grupo de remédios que está sendo testado pode desacelerar a eliminação de tecido ósseo e ainda permitir a formação do mesmo. Um deles é o etidronate (Didronel), mas precisa ser ministrado com supervisão constante do seu médico. Outros remédios estão sendo desenvolvidos e estarão disponíveis no mercado nos próximos anos.

4º Estágio: Osteoporose com dor crônica e deformidade

O 4º Estágio pode começar a partir dos 55 anos. Nessa fase, a osteoporose aos poucos torna-se tão grave que até pequenos esforços físicos ou acidentes leves provocam fraturas. Essas fraturas em geral acontecem nas vértebras do centro ou da parte inferior da espinha. A espinha fica menor.

Esse estágio pode causar perda de altura e um postura curvada que, nos últimos anos, se tornou bem conhecida para os pacientes de osteoporose. Muitas vezes há dor intensa no centro e na parte inferior da espinha, uma dor que parece interminável. Qualquer osso pode sofrer fratura. No 4º Estágio, a pessoa pode ter uma fratura de costela ao menor impacto, ou até mesmo durante a atividade diária costumeira. Um paciente teve uma fratura de costela ao receber um forte abraço do filho que voltava para casa depois de servir na Marinha!

1ª Regra: Fraturas exigem atenção médica.

Se ocorrer uma fratura, o tratamento no 4º Estágio assemelha-se ao do 3º Estágio. Assim que a fratura aguda sarar adequadamente, deve-se iniciar um aumento de atividade e um programa de exercícios, como o descrito no Capítulo Sete. No 4º Estágio, muitos pacientes acham difícil entender como o exercício pode ajudar. Nesse momento, devem receber muito encorajamento. Pessoas completamente incapacitadas devido à dor, mais tarde serão capazes de reassumir a maior parte de suas atividades se conseguirem seguir um programa regular de exercícios e outros tratamentos. Pode-se usar braçadeiras no 4º Estágio, mas devem ser evitadas sempre que possível, visto que não estimulam o fortalecimento dos músculos das costas, embora, em certos casos, permitam um aumento de atividade.

2ª Regra: Afaste todos os possíveis fatores de risco.

É importante afastar todos os possíveis fatores de risco para prevenir uma futura osteoporose, como se descreveu no Capítulo Três.

3ª Regra: Medicações são necessárias no 4º Estágio.

Os remédios usados neste estágio são os mesmos dos estágios anteriores, inclusive cálcio e vitamina D. Não há provas definitivas de que estrógenos dados neste estágio provoquem diminuição de fraturas; no entanto, é possível que se possa retardar o aparecimento da osteoporose. Simplesmente, ainda não existe informação suficiente para se recomendar o uso de estrógenos neste estágio. Se não houver nenhum outro problema de saúde que possa tornar perigoso o uso deste hormônio, pode-se levar em conta o uso deste medicamento sob a supervisão do médico. No 4º Estágio, o paciente deve pensar em usar outra medicação. Os benefícios da prevenção de futuras fraturas são ainda mais importantes. Outras medicações (analisadas no Capítulo Cinco) em geral são bem toleradas, apresentando poucos efeitos colaterais. Estas medidas definitivamente têm de ser tomadas com controle médico. No 4º Estágio, deve ser considerado o uso de vários medicamentos diferentes que possam ajudar sem apresentar sérios efeitos colaterais.

Este programa dá certo!

No 4º Estágio, o paciente de osteoporose precisa de muito estímulo. As fortes dores normalmente já existem há algum tempo e podem levar ao desencorajamento, à depressão e a pensamentos de suicídio. A pessoa que tiver chegado a este ponto deve entender que o programa prescrito pode funcionar e de fato dá certo. No início, o progresso pode ser lento, mas em geral nota-se uma melhora depois de algumas semanas ou de alguns meses. É comum o paciente ficar desestimulado devido à lentidão dos resultados. A grande maioria dos pacientes apresenta um melhor controle da dor e uma maior atividade assim que inicia o programa de tratamento indicado. É raro haver pacientes com uma osteoporose tão grave que um tratamento adequado sob supervisão médica não apresente alguma melhora. Neste ponto, o uso de remédios para mitigar a dor pode ser necessário. Limitamos o uso de narcóticos que, usualmente, não dão alívio completo e podem criar dependência. Outros métodos de controle da dor crônica podem ser úteis no 4º Estágio, incluindo certas medicações e exames numa clínica de combate à dor. Clínicas de combate à dor tentam ajudar a pessoa a controlar e a viver mais confortavelmente com a dor. Numa clínica como essa são estudados todos os aspectos da dor, desde a sua causa até o seu controle. Muitos métodos diferentes podem ser usados para ajudar a controlar a dor e a reação da pessoa à dor.

Essas clínicas exigem mais tempo e mais despesas; no entanto, são muitas vezes valiosas para o controle da dor e para ajudar o paciente a retomar sua atividade normal.

SUMÁRIO

2º ESTÁGIO: A osteoporose torna-se detectável

1. Remova os fatores de risco existentes, como no 1º Estágio.
2. Comece um programa regular de exercícios.

3. Leve em conta o acréscimo de hormônio estrogênico em mulheres depois da menopausa, de acordo com o conselho do seu médico.
4. Assegure-se de tomar 1.500mg diários de cálcio e um teor adequado de vitamina D.

3º ESTÁGIO: A osteoporose resulta em fraturas

1. Trate da fratura da forma que seu médico indicar.
2. Comece seu programa regular de exercícios assim que for possível.
3. Afaste os fatores de risco, como no 1º Estágio.
4. Assegure-se de tomar 1.500mg diários de cálcio e um teor adequado de vitamina D.
5. Leve em consideração outras medicações, como analisamos, mais o uso de hormônio estrogênico em mulheres, sob conselho médico.

4º ESTÁGIO: Osteoporose com dor crônica e deformidade

1. Trate da fratura existente sob orientação do seu médico.
2. Comece um programa regular de exercícios assim que for possível.
3. Afaste os fatores de risco, como no 1º Estágio.
4. Assegure-se de tomar 1.500mg diários de cálcio e um teor adequado de vitamina D.
5. Leve em conta outras medicações, como analisamos, mais o uso de hormônio estrogênico em mulheres, sob conselho médico.
6. Compreenda que encorajamento e pensamento positivo são importantes para o seu bem-estar geral.

CAPÍTULO SEIS

Montando o palco: Bebês, crianças, adolescentes

A osteoporose não precisa atacar gerações seguidas de pessoas de uma mesma família, com sua debilitante marca de dor e desfiguramento. Embora o fato de uma pessoa da família ter osteoporose aumentar o risco de outra adquirir a mesma doença, podem-se tomar medidas preventivas para evitar a repetição.

A fim de prover tanto a mãe como o bebê, devem ser atendidas as necessidades de cálcio durante a gravidez e o aleitamento materno. Durante a gravidez, a necessidade de cálcio chega a ser de 800 a 1.200mg diários. A maior parte dessa necessidade de cálcio ocorre durante os últimos dois ou três meses da gravidez, coincidindo com a calcificação do esqueleto fetal. O cálcio é transferido dos ossos da mãe para o feto, o que justifica a maior necessidade de cálcio durante a gravidez.

A quantidade adequada de cálcio durante a gravidez e o aleitamento é necessária para o desenvolvimento dos ossos e dos dentes do bebê, e para evitar perda de cálcio dos ossos da mãe enquanto ela amamenta o filho. Estudos indicam que a baixa ingestão de cálcio durante a gravidez (abaixo de 350mg) está associada com o aumento de incidência de hipertensão provocada pela gravidez (eclâmpsia). Algumas provas indicam que o aumento da ingestão de cálcio durante a gravidez reduz a pressão sangüínea em mulheres grávidas saudáveis.

Como a meta é a prevenção da osteoporose, os adultos precisam tomar consciência dos passos específicos que podem ser dados para proteger os bebês, as crianças e os adolescentes deste mal no futuro, muitos anos antes que os verdadeiros estágios da osteoporose possam se instalar no organismo.

Bebês

Na hora do nascimento, os ossos têm menor conteúdo de cálcio do que em outras épocas da vida. Durante o primeiro ano de vida, esse conteúdo de cálcio aumenta mais rapidamente do que em qualquer outro período, especialmente durante os períodos de crescimento rápido.

Para a mulher que amamenta, o leite do peito contém cerca de 300mg de cálcio por litro. O bebê retém cerca de dois terços dessa quantidade de cálcio. Fórmulas de leite de vaca contêm cerca de 600 a 700mg de cálcio por litro; entretanto, o bebê só retém de 25% a 30% dessa quantidade. As necessidades do bebê podem ser atendidas adequadamente por qualquer uma das duas formas de alimentação (ver a tabela de quantidades de cálcio no Capítulo Dois). Uma dieta materna deficiente em cálcio influencia muito pouco o conteúdo de cálcio do leite materno, devido ao regulamento da armazenagem de cálcio próprio da mãe. Se houver deficiência de cálcio e de fósforo na alimentação da mãe, esses minerais são removidos das reservas dos seus ossos para formar o leite.

Do nascimento até os dois anos, os ossos estão numa fase rápida de crescimento ativo caracterizado por uma intensificação no seu comprimento. A formação da estrutura óssea também ocorre nessa época. Os nutrientes necessários durante esse desenvolvimento, para que haja ossos e dentes saudáveis, são o cálcio, o fósforo, a proteína, o magnésio, o fluoreto e as vitaminas A, C e D. A maioria dos bebês recebe esses nutrientes essenciais através do leite materno ou de fórmulas revigorantes. Bebês que não são amamentados no peito e são alérgicos ao leite de vaca podem ainda receber quantidades adequadas de cálcio em fórmulas de soja disponíveis no mercado.

Crianças

A retenção de cálcio torna-se mais lenta durante os anos da infância. Crianças em fase de crescimento ainda necessitam de duas a quatro vezes mais cálcio por quilo de peso do que os adultos. Um estudo demonstrou que mulheres que beberam leite em todas as refeições de sua infância e adolescência têm uma densidade óssea significativamente mais alta do que mulheres que tomaram doses menos freqüentes de leite. Beber leite não só é necessário para o crescimento e o desenvolvimento, mas também para assegurar um nível ótimo de massa óssea nos anos posteriores.

As crianças precisam receber a quantidade recomendada de cálcio por dia. Exercícios, principalmente os que incluem movimento e força nos ossos, estimulam o crescimento e aumentam e densidade óssea. Exercícios para condicionamento físico, como caminhar, andar de bicicleta, subir escadas e pular corda são recomendados para crianças. A maioria das crianças tem uma quantidade adequada de exercícios assegurada durante as atividades normais das horas de recreio.

Embora a infância seja uma época extremamente importante para a formação de ossos fortes, muitas crianças sentem repulsão pelo leite por várias razões. Usando a tabela de cálcio do Capítulo Dois, veja algumas fontes preferidas de cálcio. Ao cuidar do seu filho, use a quantidade recomendada de cálcio por dia para o grupo específico da sua idade, conforme indicado na tabela do Capítulo Dois.

Uma dieta diária típica para seu filho deve incluir duas xícaras de leite com uns 30g de queijo. Parte do leite pode ser servido como sobremesa em forma de iogurte ou pudim, e o queijo pode ser derretido por cima do vegetal predileto. Se seu filho ainda assim recusar o leite e produtos derivados, você terá de suplementar as suas refeições com leite em pó desnatado adicionado aos alimentos ou com complementos de cálcio. Use leite desnatado ou com baixo teor de gordura, queijos, queijo *cottage* e iogurte, para evitar o excesso de colesterol e gordura nas dietas. Se necessário, suplemente a dieta do seu filho com comprimidos de cálcio.

A lactose é um carboidrato do leite e dos produtos do leite que aumenta a absorção do cálcio. Na intolerância à lactose, sintomas como náusea, inchaço e espasmos intestinais podem acontecer algumas horas depois da ingestão do leite ou de seus derivados. Se o seu filho tem intolerância à lactose, ele pode correr o risco de ter deficiência de cálcio e, em conseqüência, mais tarde, ter osteoporose. Muitas vezes essas pessoas toleram o leite aquecido. Ele pode ser servido com chocolate quente, num molho cremoso, na sopa cremosa, num manjar ou pudim. Um produto comercial chamado Lactaid® é encontrado facilmente no comércio. Esse produto pode ser diluído no leite para reduzir a taxa de lactose. Lactaid® contém lactase, uma enzima que diminui a quantidade de lactose no leite, eliminando dessa forma grande parte do problema da pessoa com intolerância à lactose. Quando é preciso evitar todos os produtos à base de leite, é necessário administrar um suplemento de cálcio.

A vitamina D também é importante para a absorção de cálcio e para a mineralização do osso. Uma deficiência de vitamina D diminui a absorção de cálcio. Exposição apropriada ao sol (15 minutos por dia) e tomar leite enriquecido com vitamina D podem assegurar ao seu filho a quantidade recomendada de cálcio por dia.

Adolescentes

Principalmente as meninas adolescentes devem ter consciência de que se pode evitar a osteoporose nos anos futuros. Durante a adolescência, os ossos estão se desenvolvendo rapidamente. Tomando uma quantidade satisfatória de cálcio durante essa fase — em especial nos últimos anos da adolescência — as possibilidades são de que os ossos terão seu máximo desenvolvimento e força.

Os anos da adolescência são a época em que é formada a provisão de ossos. Quanto mais densos eles se tornarem durante esses anos, maior será a duração da densidade óssea quando se iniciar mais tarde o seu desgaste. O objetivo deve ser o de construir o mais denso suprimento de ossos possível enquanto a formação dos ossos ainda é rápida. Pode-se conseguir isso se a dieta do adolescente contiver a quantidade de cálcio suficiente para formar os ossos. A dieta tem de incluir o cálcio necessário (ao menos 1.200 mg diários), bem como bastante proteína, vitaminas e sais minerais.

O total de 1.200mg de cálcio por dia, indispensável para meninas adolescentes pode vir do cálcio contido na alimentação ou nos suplementos de cálcio.

Um modo preciso de assegurar a quantidade de cálcio adequada para meninas adolescentes é avaliar quanto cálcio é habitualmente consumido durante um dia normal. Ao lidar com sua adolescente, relacione todos os alimentos do dia usando a Tabela 10. Agora consulte a Tabela 12 do Capítulo Oito, e descubra quanto cálcio cada alimento e bebida contém, preenchendo os totais apropriados para o dia. Se o total de cálcio para um dia comum (ou para uma média de sete dias) for menor que 1.200mg, é preciso adicionar um suplemento para que o consumo total de cálcio atinja os 1.200mg diários.

Por mais que seja importante ter cálcio suficiente na alimentação durante a adolescência, também é essencial estabelecer o hábito de cuidar bem do corpo. Há uma grande probabilidade de que uma garota que compreenda a necessidade de cálcio em sua dieta e a importância de uma alimentação adequada continue a cuidar bem disso na vida adulta. Os hábitos adquiridos na adolescência podem permitir que ela continue a formar ossos fortes durante os importantes anos da vida adulta, ajudando a evitar a osteoporose. Lembre-se de que quanto maior a quantidade de tecido ósseo presente no início da osteoporose, no 1º Estágio, tanto mais longa será a duração da densidade óssea.

É de vital importância informar os adolescentes sobre a osteoporose. Descobrimos que assim que as garotas adolescentes compreendem os fatos, elas vão ficando mais ansiosas por fazer os acréscimos necessários em sua dieta para terem a certeza de estar consumindo cálcio suficiente. À medida que a nossa sociedade se torna mais consciente da osteoporose e da necessidade de evitá-la, torna-se mais fácil para os adolescentes conseguir informação sobre a prevenção da doença. Na verdade, atualmente muitas escolas públicas e particulares incluem temas sobre a osteoporose e o consumo de cálcio no currículo regular, começando no 6º e 7º graus.

A palavra osteoporose deixou de ser pouco conhecida ou difícil. Descobrimos que os adolescentes aprendem depressa os ensinamentos básicos sobre o cálcio e a dieta para ajudar a prevenir a osteoporose. Os rapazes adolescentes do mesmo modo se beneficiam do conhecimento sobre a dieta e o cálcio. Os homens também correm o risco de adquirir osteoporose, embora neles normalmente esta se inicie muito mais tarde do que nas mulheres.

Uma crescente preocupação entre as garotas adolescentes é o controle do peso. Muitas ficam obcecadas por manter um peso baixo, e um grande número delas com freqüência faz dieta para não engordar.

Como boas fontes de cálcio — tais como o leite e os queijos — contêm muitas calorias, com freqüência esses alimentos são eliminados da dieta para reduzir o peso. Como resultado, a quantidade total de cálcio consumida diariamente pode ser bastante baixa. Adolescentes mal-informadas podem causar grande prejuízo ao corpo por excluírem o cálcio de sua alimentação, e podem pagar um preço muito alto por isso na idade madura.

Nesses casos, pode ser útil uma assistência esclarecida dos adultos. Alimentos como leite desnatado e com baixo teor de gordura podem ser usados juntamente com as refeições ou num lanche de baixo teor calórico. O iogurte integral não só tem poucas calorias, como pode ser adoçado com frutas frescas para o café da manhã. E você pode adicionar leite desnatado em pó em alimentos como cereais quentes, bolos ou pratos de carne, para complementar o consumo de cálcio. Se a taxa de cálcio na alimentação for baixa, acrescente um suplemento de cálcio enquanto estiver fazendo o regime.

Durante a adolescência, os exercícios também são importantes. Um bom programa de exercícios pode incluir corrida, raquetebol, tênis ou outras atividades que possam aumentar a densidade dos ossos, ajudar a controlar o peso e melhorar a boa forma física geral. Assim como acontece com uma dieta saudável e bem equilibrada, hábitos formados durante a adolescência têm boa possibilidade de continuarem na vida adulta.

Temos de acrescentar umas palavras de advertência. Algumas garotas adolescentes participam de um treinamento muito rígido de exercícios físicos, especialmente esportes competitivos, como a corrida. Se o treinamento e a atividade física forem enérgicos demais, a ponto de provocar mudança nos períodos menstruais ou uma interrupção da menstruação, podem estar ocorrendo alterações no sistema hormonal do corpo. Esse problema pode ser remediado modificando-se temporariamente o nível do treinamento. Você deve discutir o assunto com o seu médico, visto que esse problema deve ser tratado de modo eficaz para permitir a continuação do treinamento físico.

Durante a adolescência, é importante remover outros fatores de risco para osteoporose. Fumar pode duplicar o risco da doença. Evitar o fumo ou largar o hábito nesses anos resultará em benefícios adicionais para a saúde, além de ajudar na prevenção da osteoporose. É importante eliminar os fatores de risco em todas as idades, como se diz no Capítulo Dois, inclusive nos anos da adolescência.

Como a maioria dos adolescentes tem a agenda ocupada pelas atividades escolares e extracurriculares, por empregos de meio-período e pelos estudos, eles com freqüência recorrem a lanches e a alimentos congelados. *Informe-se* da quantidade de cálcio contida nesses alimentos.

O guia completo do cálcio está no Capítulo Oito (Tabela 12) e pode ajudá-lo e ao seu filho adolescente a se certificarem da quantidade adequada de cálcio a ser consumida diariamente.

SUMÁRIO

1. Em todas as fases da vida é importante a ingestão adequada de cálcio.
2. Bebês, crianças e mães que amamentam precisam da quantidade adequada de cálcio na dieta ou através de suplementos de cálcio.

Tabela 10

Cálcio diário

	Café da manhã	Quantidade de cálcio	Almoço	Quantidade de cálcio	Jantar	Quantidade de cálcio	Lanches	Quantidade de cálcio
Segunda-feira								
Terça-feira								
Quarta-feira								
Quinta-feira								
Sexta-feira								
Sábado								
Domingo								

Depois de cada refeição ou lanche, anote os alimentos que consumiu. Consulte a tabela do Capítulo Oito e preencha a quantidade de cálcio contida em cada alimento e porção. Seu consumo diário de cálcio deve corresponder ao consumo padrão da Tabela 5, o Mapa de Quantidade Recomendada de Cálcio, do Capítulo Dois. Se descobrir que sua dieta tem baixo teor de cálcio, corrija a diferença usando suplementos.

3. Os adolescentes, especialmente as meninas, precisam saber que a dieta de hoje pode afetar seu futuro. Recomenda-se 1.200mg diários de cálcio para as adolescentes, através da dieta ou como suplemento.
4. A ingestão adequada de cálcio pode ser assegurada para crianças e adolescentes informando-se do conteúdo de cálcio dos alimentos comuns e pelo uso de suplementos de cálcio.

CAPÍTULO SETE

Um programa diário de exercícios

Um dos melhores métodos a longo prazo para aumentar a força dos músculos das costas e dos quadris são os exercícios. Portanto, não se pode subestimar a importância de um programa diário de exercícios como parte do controle da osteoporose. Em nossa clínica, descobrimos que em todos os estágios da osteoporose os pacientes que são capazes de começar e de manter um programa adequado de exercícios são quase sempre capazes de melhorar sua saúde. Aquelas pessoas incapazes de começar e de manter um programa de exercícios, em geral são as que ainda vivem com muita dor causada pela osteoporose. Se você não consegue fazer esses exercícios, ou sente dor quando os pratica, pare e fale com o seu médico. Então poderá descobrir um modo de estabelecer o melhor nível de exercícios para o seu caso.

Em geral, leva-se semanas para aprender de fato os exercícios e para ser capaz de executar o número correto de repetições duas vezes por dia. É imperativo um comprometimento da sua parte para continuar com o programa.

Não se preocupe se, no início, só puder repetir uma vez o primeiro exercício. Você não deve sentir mais dor ao terminar de fazer os exercícios do que quando começa a praticá-los. Se sentir dor muito forte enquanto estiver se exercitando, deve parar. Depois de alguns dias, tente fazer duas repetições de um ou dois exercícios. Quando tiver dominado esse número de repetições, tente três ou quatro, aumentando gradativamente o número de exercícios e de repetições. O objetivo é executar de 10 a 20 repetições de cada exercício duas vezes por dia. Esse é o nível que consideramos mais útil para manter o mais elevado estado de flexibilidade e de força para os músculos das costas. Lembre-se de fazer estes exercícios bem devagar.

Sabemos que haverá alguns dias em que você não sentirá vontade de praticar. Talvez não se sinta bem ou esteja cansado. Para obter o máximo alívio da dor e da desfiguração provocadas pela osteoporose, você tem de iniciar um programa regular e obrigatório de exercícios duas vezes por dia — nos dias bons e nos maus também.

Como iniciar um programa diário de exercícios

Os exercícios são mais eficientes quando feitos de modo apropriado. Você precisa ser instruído por um fisioterapeuta qualificado ou por um médico. Os seguintes exercícios estão entre os mais eficazes se praticados diariamente. Consulte o seu médico antes de iniciar qualquer programa de exercícios. Comece com uma ou duas repetições por dia e aumente-as gradativamente. Se tiver quaisquer perguntas a fazer, faça-as ao seu médico ou fisioterapeuta. Se sentir dor, pare e fale com seu médico antes de recomeçar os exercícios.

Pescoço

Estes exercícios para o pescoço aumentam a mobilidade e a flexibilidade. A flexibilidade é importante para ajudar o seu corpo a funcionar mais eficazmente. Você pode ficar sentado ou em pé para fazer estes exercícios, na posição que lhe parecer mais confortável (ver Figura 9).

1. Incline o queixo na direção do peito. Se sentir rigidez ou dor, não force o movimento. Chegue até o ponto em que puder se mover com facilidade. Se a dor persistir, neste ou em outro exercício pare até falar com seu médico ou fisioterapeuta.
2. Incline o lado esquerdo da cabeça na direção do ombro esquerdo. Se sentir dor ou resistência, não force o movimento.
3. Incline a cabeça para trás tanto quanto possível sem forçar qualquer movimento. Se sentir dor ou tontura, pare até falar com seu médico ou fisioterapeuta.
4. Incline o lado direito da cabeça para o ombro direito.
5. Vire-se para olhar sobre o seu ombro direito. Vire-se quanto puder, sentindo-se bem, mas não force o movimento.
6. Vire-se para olhar sobre o ombro esquerdo. Vire-se tanto quanto puder, sentindo-se bem.

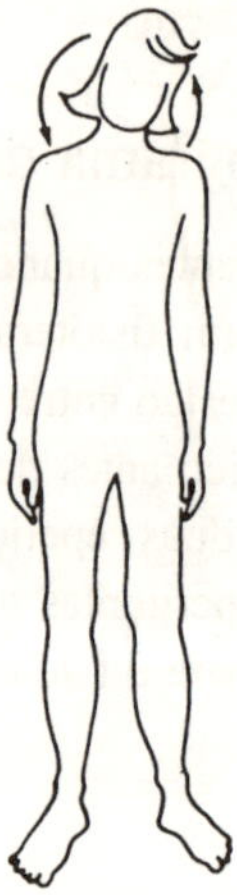

Figura 9. Diagrama do exercício para o pescoço.

Quando puder fazer qualquer um destes exercícios com facilidade, repita cada um duas vezes. Então aumente gradativamente as repetições até chegar ao total de 5 por exercício; em seguida, repita cada exercício primeiro 10, depois 20 vezes. Pode repetir a série duas ou três vezes por dia.

Rotação dos ombros

Estes exercícios melhoram a flexibilidade dos ombros e dos braços. Aumentando o número de repetições, também aumenta a força dos braços. Estes exercícios ampliam a rotação externa do ombro — o movimento que se faz para pentear o cabelo. Você pode sentar-se, ficar em pé ou deitar-se para fazer este exercício (ver Figura 10).

1. Entrelace as mãos por trás da cabeça. Junte os cotovelos até que fiquem tão próximos quanto possível do seu queixo. Separe os cotovelos para os lados tanto quanto possível.
2. Repita o movimento, aumentando gradualmente, para 5, depois 10, e em seguida 20 repetições. Pode repetir este exercício duas ou três vezes por dia.

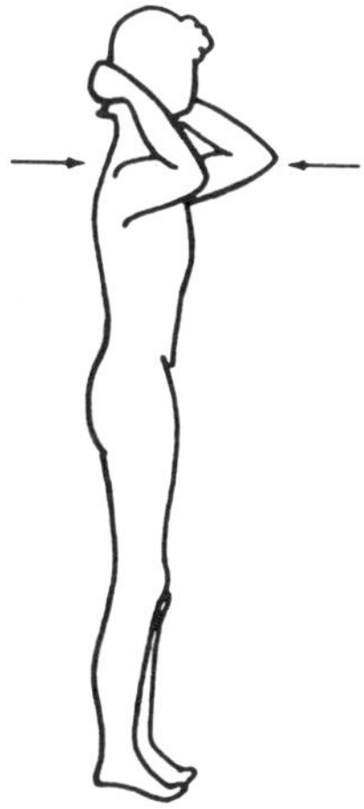

Figura 10. Diagrama de rotação dos ombros.

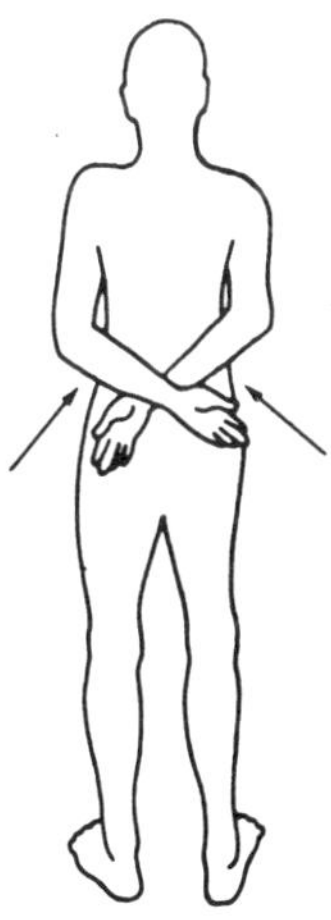

Figura 11. Rotação dos ombros.

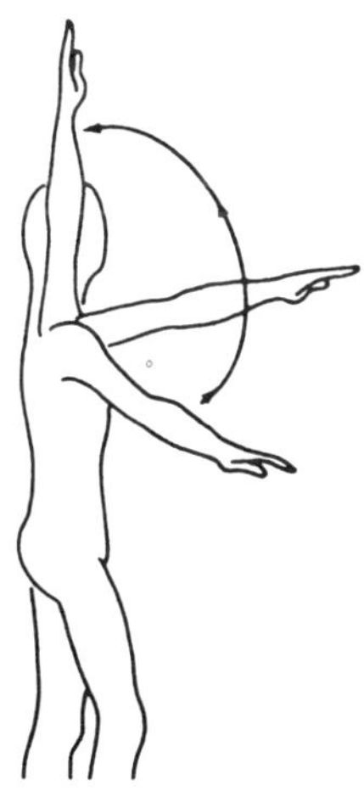

Figura 12. Flexão dos ombros.

Estes exercícios aumentam a flexibilidade dos ombros e a sua rotação interna: o movimento que as mulheres fazem para fechar o sutiã nas costas, ou que os homens fazem para enfiar a carteira no bolso traseiro das calças. Este exercício é praticado melhor em pé e, muitas vezes, é feito no chuveiro, usando-se uma esponja para lavar a parte de cima das costas e uma toalha para secar essa região (ver Figura 11).

A flexão dos ombros é o exercício que você faz quando levanta os braços diretamente para cima da cabeça (ver Figura 12).

A abdução dos ombros é o movimento de erguer os braços esticados para fora e para os lados. Se seus braços doem ou se você sente dificuldade para erguê-los esticados acima da cabeça quando estiver sentado ou em pé, tente deitar-se na cama e segurar um bastão (um cabo de vassoura servirá).

1. Agora levante os braços, mantendo-os esticados e segurando o bastão com ambas as mãos, para cima da cabeça, tão longe quanto possível. O braço que doer menos ajudará o outro a se afastar mais.
2. Repita este exercício, aumentando gradualmente para 5, depois 10 e em seguida 20 repetições, duas ou três vezes por dia.
3. Agora estenda os braços para os lados, um por vez, e lentamente faça grandes círculos (ver Figura 13).

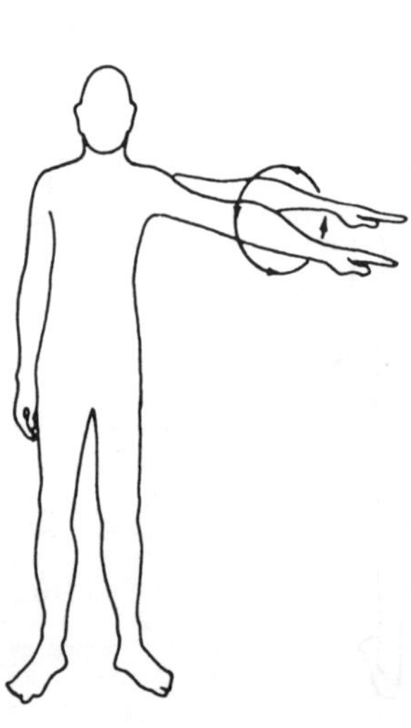

Figura 13. Abdução do ombro.

4. Repita este exercício, aumentando gradualmente para 5, depois 10, e em seguida 20 repetições, duas ou três vezes por dia.

Este exercício pode ser feito na posição sentada ou em pé, e é divertido fazê-lo durante o dia a fim de aliviar a tensão do pescoço e do ombro, e para manter a flexibilidade da ligadura do ombro (ver Figura 14).

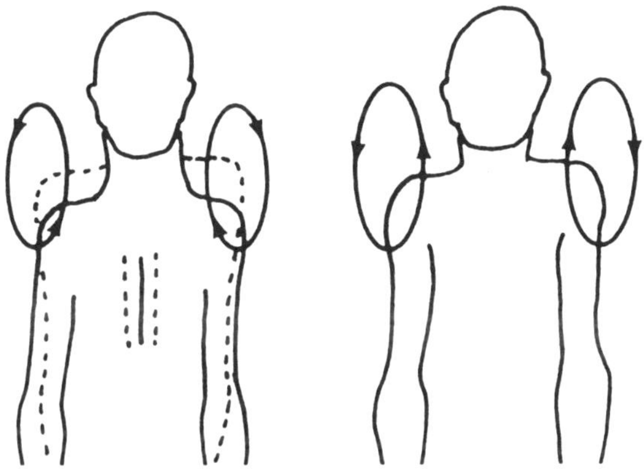

Figura 14. Ligamentos dos ombros.

1. Gire os ombros num círculo para a frente e erga-os na direção das orelhas num movimento de encolhimento; gire os ombros de volta para trás com o peito para a frente, como na postura militar; abaixe os ombros e traga-os para a frente. Pense no exercício como um simples girar de ombros em círculo. Agora reverta o processo, girando as articulações dos ombros num círculo para trás.
2. Repita este exercício, aumentando gradualmente para 5, depois 10, e em seguida 20 repetições, duas ou três vezes por dia, se possível.

Abdução de quadril

Estc exercício para melhorar a mobilidade dos quadris é feito deitado em sua cama ou no chão, conforme achar mais confortável (ver Figura 15).

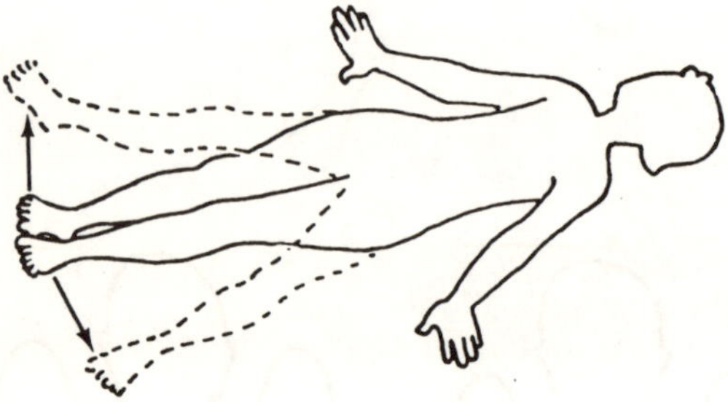

Figura 15. Abdução de quadril.

1. Deite-se de costas. Separe as pernas o mais longe que puder, uma perna por vez, mantendo o joelho apontado para o teto.
2. Repita este exercício, aumentando gradualmente para 5, depois 10, e em seguida 20 repetições, duas ou três vezes por dia, se possível.

Alongamento do quadril

A posição para este exercício é deitado de barriga para baixo, com um joelho dobrado. Ele pode ser feito na cama ou no chão, se achar melhor (ver Figura 16).

1. Erga a coxa levemente do chão ou da cama. Se erguer demais, sua pélvis irá girar e você não conseguirá fazer o movimento desejado. Agora erga a outra coxa. Ao erguer sua coxa levemente do chão, tente contar até seis segundos enquanto mantém a posição. Este é um exercício isométrico de reforço para ajudar a fortalecer os músculos. Você pode sentir alguma cãibra ao fazê-lo, porque seus músculos estão trabalhando arduamente para realizar este movimento. Tente massagear o músculo contraído. Se a cãibra persistir, fale com seu médico ou fisioterapeuta.
2. Repita este movimento e, gradualmente, aumente para 5 e depois para 10 repetições, se puder. Execute-o duas vezes por dia, se possível.

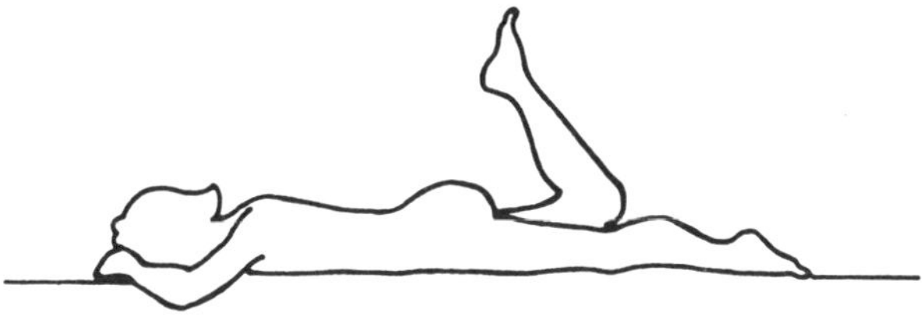

Figura 16. Alongamento de quadril.

Rotação de quadril

Faça este exercício deitado em sua cama ou no chão. Este exercício pode parecer uma ginástica para os pés mas, na verdade, faz girar seus quadris quando você mantém as pernas estendidas (ver Figura 17).

1. Vire os joelhos para dentro e encoste os dedos dos pés uns nos outros. Agora vire os joelhos e dedos dos pés para fora.
2. Repita este exercício, aumentando gradualmente para 5, depois 10, e em seguida 20 repetições a cada sessão. Repita este exercício duas vezes por dia.

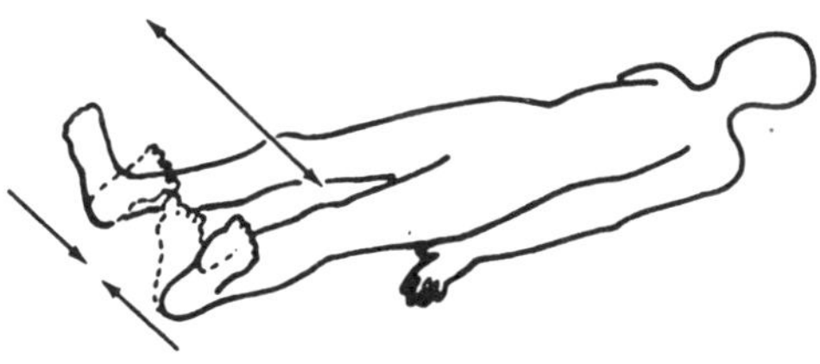

Figura 17. Rotação de quadril.

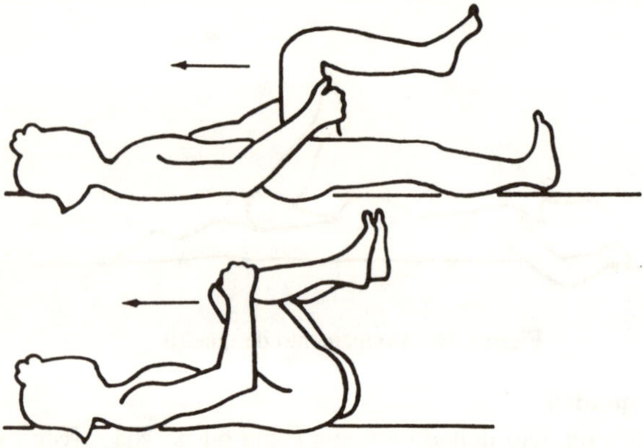

Figura 18. Flexão de quadril e estiramento das costas.

Flexão de quadril e estiramento das costas

Este é um bom exercício para fazer antes de sair da cama de manhã, a fim de ajudá-lo a despertar para o dia. Ele estica os quadris, a parte inferior das costas e os joelhos. Este exercício pode ser feito na cama ou no chão, se você for capaz (ver Figura 18).

1. Puxe um joelho por vez até o peito, usando as mãos colocadas embaixo do joelho para ajudar a puxar bem a perna. Agora faça a mesma coisa com a outra perna. Repita o exercício alternando as pernas. Faça 5, depois 10, e em seguida 20 repetições, duas ou três vezes por dia, se possível.
2. Agora puxe os dois joelhos em direção ao peito ao mesmo tempo e mantenha a posição durante seis segundos. Balance levemente de um lado para outro, sempre segurando os joelhos.
3. Repita este exercício, aumentando gradualmente para 5, depois 10, e em seguida 20 repetições, duas ou três sessões por dia, se possível.

"Cheek to cheek"

Este é um exercício divertido porque você pode fazê-lo em qualquer lugar, a qualquer hora e, praticamente, em qualquer posição. Este exercício fortalece os músculos do traseiro, que ajudam a sustentar as costas e as pernas. Quando estiver sentado, você na verdade se levantará da cadeira por causa da contração do grupo de músculos das nádegas (ver Figura 19).

1. Contraia as nádegas e mantenha essa posição enquanto conta seis segundos. Relaxe e repita. Aumente gradualmente para 5, depois 10, e em seguida 20 repetições. Repita duas vezes por dia.
2. Este exercício pode se feito com freqüência durante o dia, à medida que conseguir suportá-lo, esteja onde estiver.

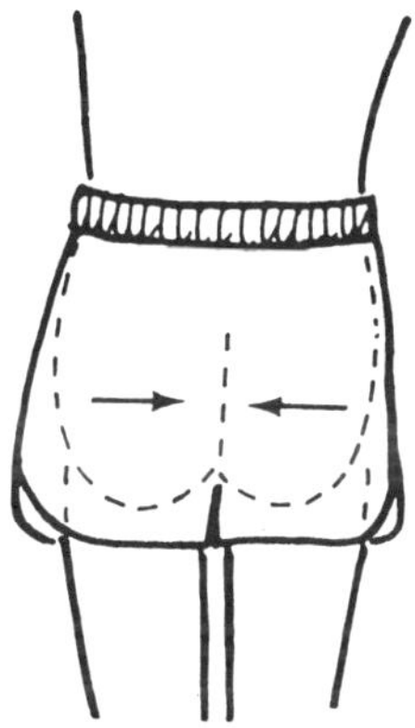

Figura 19. "Cheek to cheek".

Inclinação pélvica

Este é um dos melhores exercícios que você pode fazer para fortalecer seus músculos abdominais que, por sua vez, ajudam a sustentar as costas. Este exercício também ajudará a tonificar os músculos do estômago. Execute-o deitado na cama ou no chão, como achar mais confortável (ver Figura 20).

1. Relaxe e erga os braços acima da cabeça. Mantenha os joelhos dobrados. Agora vem a parte difícil! Contraria os músculos do baixo-ventre e das nádegas, ao mesmo tempo que achata as costas contra a cama ou o chão. Esta é a posição das costas, rente ao chão, que terá de manter durante seis segundos. Então relaxe e repita.

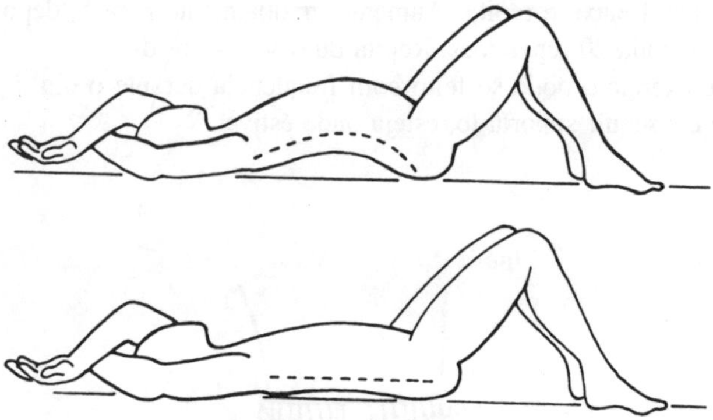

Figura 20. Inclinação pélvica.

2. Este exercício algumas vezes é difícil de entender. Se tiver dificuldade, procure seu médico ou fisioterapeuta e peça-lhe uma demonstração.
3. Repita este exercício duas ou três vezes para começar, e aumente gradualmente para 5, depois 10, e em seguida 20 repetições.
4. Este exercício também pode ser feito em pé ou sentado numa cadeira, mas é possível que você necessite de uma demonstração da posição por um terapeuta.

Fazendo uma ponte

Este exercício é feito deitado na cama ou no chão. Ele fortalece os músculos das costas (ver Figura 21).

1. Deite-se no chão e dobre (flexione) os quadris e os joelhos. Agora erga os quadris e as nádegas da cama ou do tapete, cerca de 11cm a 16,5cm, forçando a parte estreita das costas a se erguer do chão. Contraia as nádegas e os músculos dos quadris para manter esta posição. Fique assim durante seis segundos. Agora, relaxe e encoste seus quadris e nádegas no chão. Repita.

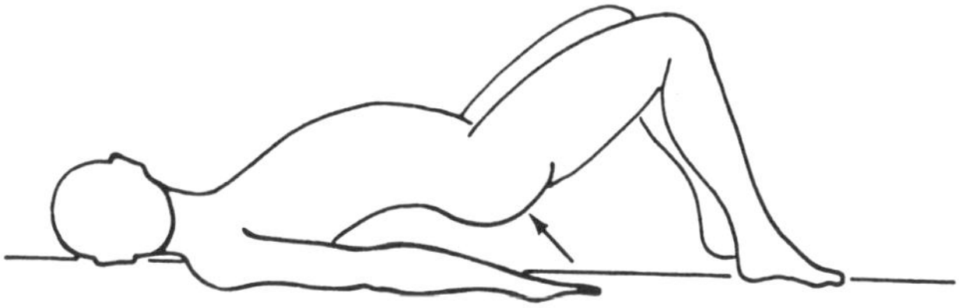

Figura 21. Fazendo uma ponte.

2. Repita este exercício, aumentando gradualmente para 5, depois 10, e em seguida 20 repetições, se você suportar. Repita-o duas vezes por dia, se possível.

Levantamento reto das pernas

Este exercício fortalece os músculos do abdômen e aumenta a flexibilidade das pernas. Deite-se na cama ou no chão, escolhendo o que for mais confortável para você (ver Figura 22).

1. Para proteger as costas durante este exercício, você terá de abraçar uma perna junto ao peito, ou simplesmente inclinar o joelho e o quadril, e descansar o pé sobre a cama. Veja a figura para as duas posições. Escolha a que for mais confortável. Agora erga a outra perna lentamente bem reta, para cima, tanto quanto puder, tentando manter o abdômen contraído e as costas firmes contra o chão ou a cama, tal como na posição de inclinação pélvica das costas. Quando suas costas começarem a se arquear, pare a perna levantada neste ponto. Mantenha a posição durante seis segundos. Incline e abaixe a perna, e repita o exercício. Faça agora o mesmo com a outra perna.
2. Repita o exercício, aumentando gradualmente para 5, depois 10, e em seguida até 20 repetições. Se suas costas doerem ou se tiver dor nas pernas, fale com seu médico ou terapeuta antes de continuar.

Figura 22. Levantamento reto das pernas.

Soerguimento parcial

Este é um dos exercícios mais vigorosos que você fará. Destina-se a desenvolver a força do abdômen que, por sua vez, dará melhor sustentação às costas (ver Figura 23).

Faça o exercício deitado em sua cama ou no chão, conforme lhe seja mais confortável.

1. Deite-se de costas com os joelhos dobrados. O objetivo deste exercício é levantar a cabeça e as espáduas do chão. Em seguida, mantenha esta postura por seis segundos. Volte lentamente à posição inicial, deitado de costas com os joelhos dobrados. Repita.
2. Comece este exercício lentamente, com uma ou duas repetições, até seu corpo ajustar-se aos movimentos. Gradualmente, aumente para 5

e depois para 10 repetições. Certifique-se de fazer todos os exercícios de fortalecimento e conte seis segundos em voz alta, pois é muito importante que respire apropriadamente enquanto mantém a posição. Ao contar em voz alta, com certeza respirará corretamente. Se sentir que a respiração fica difícil, pare e fale com seu médico ou fisioterapeuta.

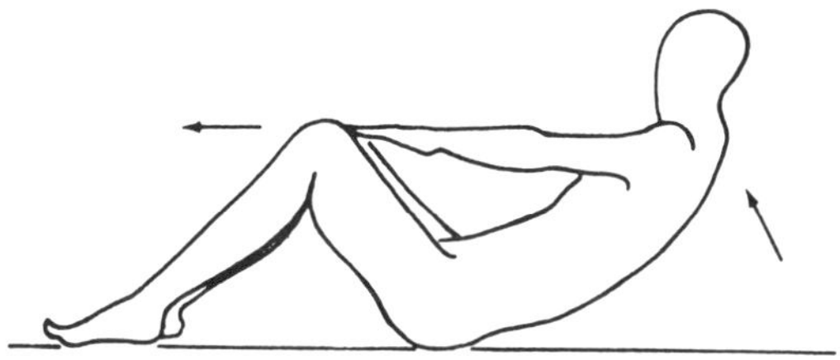

Figura 23. Soerguimento parcial.

Alongamento das costas

Este exercício para fortalecimento dos músculos das costas é feito deitado de bruços em sua cama ou no chão, com a barriga para baixo (ver Figura 24).

1. Erga do chão a cabeça, os braços e as pernas. Não dobre os joelhos. Deve fazer isto com o corpo completamente esticado. Mantenha a posição durante alguns segundos, enquanto conta em voz alta. Relaxe e repita.
2. Gradativamente aumente o exercício para 5 e depois 10 vezes; se não se sentir bem, consulte o seu médico ou fisioterapeuta antes de continuar a fazer o exercício.

Corcunda de gato

Não faça este exercício, destinado a fortalecer os músculos das costas, se os seus joelhos, tornozelos ou mãos estiverem doendo. Ele exerce pressão sobre essas áreas (ver Figura 25).

1. A posição para este exercício é a posição de engatinhar. As mãos devem ficar diretamente embaixo dos ombros. Inspire profundamente e ar-

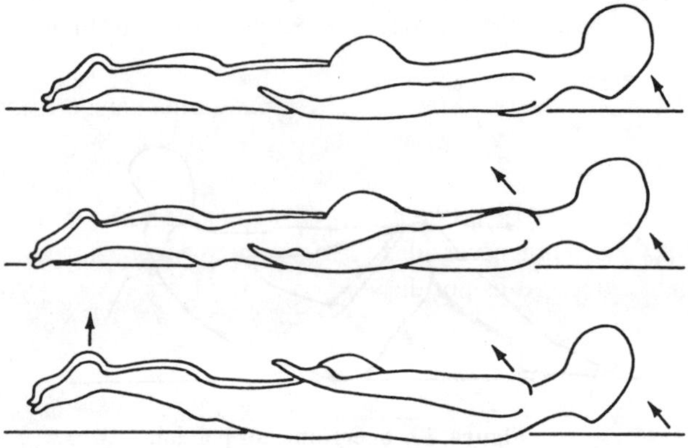

Figura 24. Alongamento das costas.

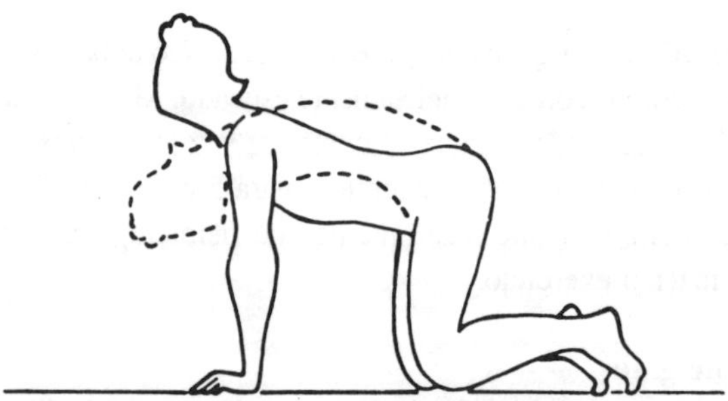

Figura 25. Corcunda de gato.

queie as costas como faz um gato assustado, abaixando a cabeça. Mantenha a posição enquanto conta até seis segundos em voz alta. Em seguida, solte o ar e abaixe lentamente as costas, levantando a cabeça.

2. Comece este exercício lentamente, fazendo 1 ou 2 repetições. Aumente até 5, e depois até 10 repetições, se for possível.

Empurrando a parede

Este exercício é especialmente bom para os pacientes com osteoporose porque estimula posições de alongamento do corpo (ver Figura 26).

1. Fique em pé com os braços abertos contra uma parede firme. Em seguida, retraia lentamente as costas para dentro.
2. Repita o exercício e aumente gradualmente para 5 repetições, ou mais. Este exercício é divertido porque você pode fazê-lo em qualquer momento que sentir necessidade de um bom espreguiçamento do corpo. Repita-o duas vezes por dia.

Respiração profunda

Este exercício melhora o movimento do peito e ajuda na postura. Ele é executado na posição de descanso, com as mãos confortavelmente colo-

Figura 26. Empurrando a parede.

cadas por trás da cabeça. Você também fará um bom exercício de rotação dos ombros ao colocar as mãos atrás da cabeça. Esta posição permite que a sua caixa torácica e o peito se expandam plenamente. Dobre os joelhos para proteger as costas (ver Figura 27).

1. Assim que estiver nesta posição confortável, respire profundamente e levante o peito enquanto enche totalmente os pulmões. Segure o fôlego durante dois segundos e então exale, retraindo o abdômen para dentro. Inspire outra vez com o peito levantado. Este exercício pode ser difícil de entender sem uma demonstração. Fale com seu médico ou fisioterapeuta para uma ajuda.
2. Comece o exercício lentamente, aumentando gradativamente as repetições de 5 para 10, e depois para 20 vezes.

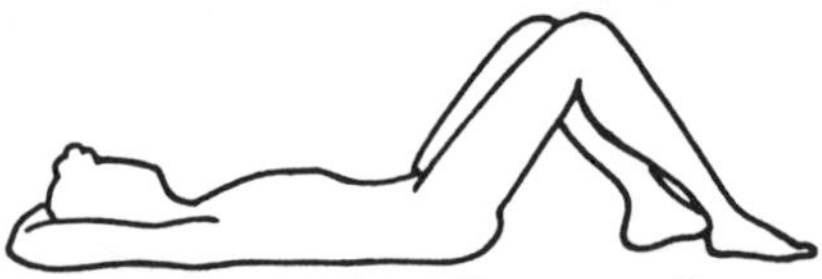

Figura 27. Respiração profunda.

Asas para trás

Este é um outro exercício muito favorável para pacientes com osteoporose, porque estimula a inclinação dos braços e do corpo para trás (ver Figura 28).

1. Este exercício é feito em pé, em posição relaxada. Erga os cotovelos à altura dos ombros, com os braços dobrados. Em seguida, estenda os braços esticados para trás. Mantenha a posição.
2. Repita o exercício e gradualmente aumente as repetições. Comece com 5 e continue até chegar a 10, e depois até 20, se suportar bem. Repita o exercício duas vezes por dia.

Rotação dos braços

O objetivo destes exercícios é acentuar o alongamento das costas e do pescoço e aumentar a expansão do peito. Todos estes movimentos são impor-

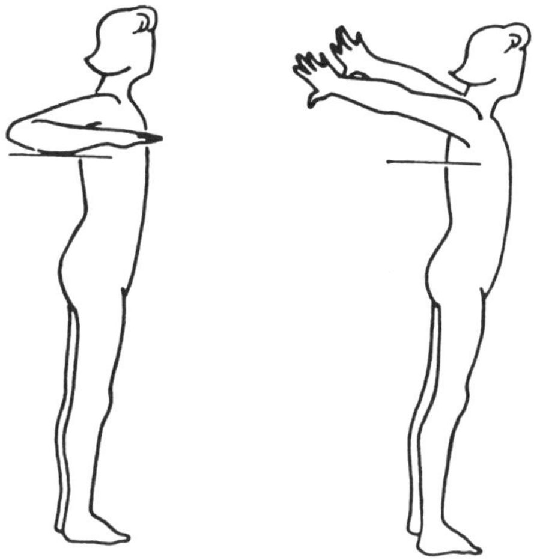

Figura 28. Asas para trás.

tantes para pacientes com osteoporose. A postura é fundamental quando estiver fazendo estes exercícios. Fique em pé com os joelhos, as costas e os ombros em posição confortável e ligeiramente relaxados (ver Figura 29).

1. Comece com as mãos para baixo e cruzadas na sua frente. Gire os braços lentamente para cima, e acima da cabeça, voltando-os para trás tanto quanto possível. Quando os braços estiverem levantados, inspire profundamente. Exale ao abaixar os braços. Repita.
2. Repita o exercício, aumentando gradualmente para 5, e depois para 10 repetições. Este exercício deve ser praticado duas vezes por dia.

Alongamento dos joelhos

Sente-se numa cadeira e apóie um pé numa mesa ou cadeira que esteja numa altura confortável. Este é um exercício feito em duas etapas (ver Figura 30).

1. Ao esticar simplesmente sua perna você está mantendo a flexibilidade do joelho. Coloque-a tão reta quanto puder suportar e mantenha a posição.

Figura 29. Rotação dos braços.

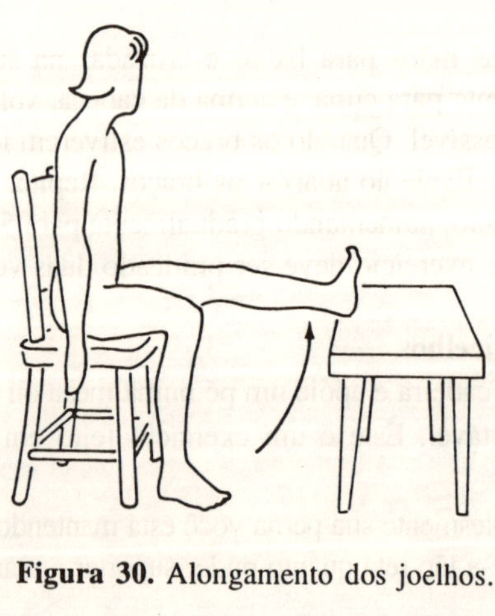

Figura 30. Alongamento dos joelhos.

2. Agora acrescente um exercício de fortalecimento isométrico, tentando empurrar o dedão do pé para cima, para esticar bem a parte de trás da perna. Contraia o joelho, empurrando-o um pouco para baixo, e mantenha a contração. Você notará rugas na rótula do joelho e sentirá os músculos da coxa se enrijecerem. Mantenha esta contração durante seis segundos, relaxe e repita. Este exercício é especialmente importante para a estabilidade do joelho e para a sustentação, quando estiver de pé.
3. Este exercício é muito importante para manter a força dos joelhos. Comece gradualmente e pratique até perfazer 12 repetições de uma vez. Repita o exercício duas ou três vezes por dia. Este exercício pode ser feito enquanto descansa em sua poltrona vendo televisão, ou no trabalho, para mudar a posição e aliviar a tensão.

Tornozelos e pés

Este exercício aumenta a flexibilidade e a força dos tornozelos e pés. A melhor posição para este exercício é sentado numa cadeira, com os pés rentes ao chão (ver Figura 31).

1. Agora levante seus dedos tão alto quanto possível enquanto mantém os calcanhares no chão (ver Figura 32).
2. Coloque os dedos dos pés de volta no chão e erga os calcanhares tão alto quanto possível.

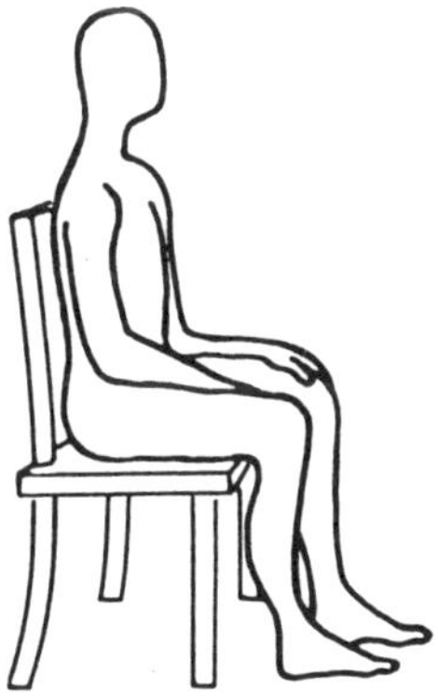

Figura 31. Tornozelos e pés.

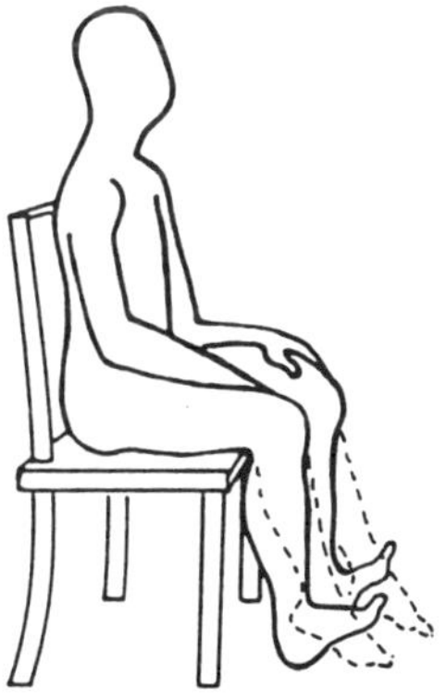

Figura 32. Tornozelos e pés.

3. Levante a parte interna de cada pé e passe o peso para o lado de fora do pé. Mantenha os dedos do pé curvados para baixo, se possível. As solas dos pés devem ser viradas de frente uma para a outra (ver Figura 33).
4. Gire o tornozelo em círculo, virando os dedos dos pés para cima, para baixo e em volta, em círculo (ver Figura 34).

Figura 33. Tornozelos e pés.

Figura 34. Tornozelos e pés.

Pulsos e mãos

Para manter a mobilidade e a flexibilidade dos pulsos, use a outra mão para dobrar o pulso tanto quanto possível. Apóie seu braço numa mesa ou no braço de uma cadeira. Evite conservar o braço no ar enquanto faz estes exercícios (ver Figura 35).

1. Coloque a mão na borda de uma mesa e use a outra mão para dobrar a mão para cima tanto quanto possível. Então use a outra mão para dobrar a mão para baixo tanto quanto possível.
2. Faça o exercício até o ponto em que puder dobrar a mão com facilidade. Repita o movimento, aumentando gradualmente para 5 depois 10, até 20 repetições em cada sessão. Repita a seqüência duas vezes por dia.

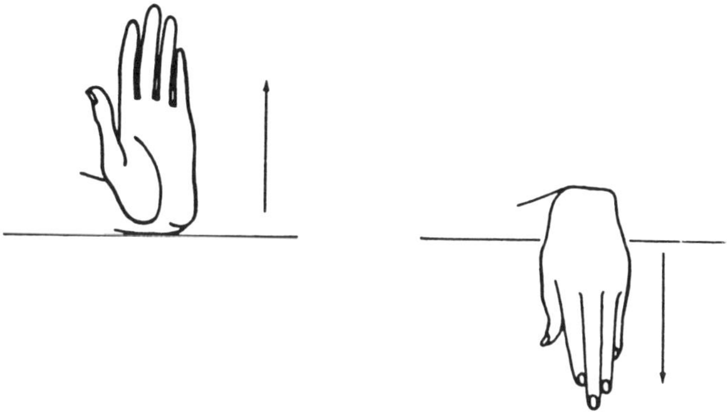

Figura 35. Mobilidade do pulso.

Este exercício é simples e realiza a importantíssima função de prender e apertar nos dedos e nas mãos (ver Figura 36).

1. Tente formar a letra “O” utilizando o polegar e cada dedo da mão. Depois de fazer o “O”, estique os dedos e toque no dedo seguinte. Faça

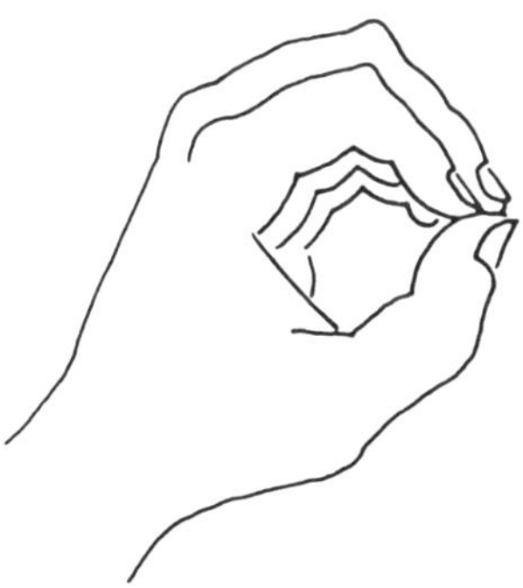

Figura 36. Formando um “O”.

Figura 37. Apertando a bola.

um "O" e então estique os dedos. Certifique-se de que o polegar se arredonda num belo "O".

2. Repita gradualmente o exercício aumentando para 5, e depois para 10 repetições. Faça o exercício duas vezes por dia.

Use uma bola de *espuma* de borracha, ligeiramente maior do que uma bola de tênis, e aperte e solte a bola para fazer o exercício. Certifique-se de que todos os dedos estão apertando a bola tanto quanto possível. Solte e estique os dedos. É importante que você use uma bola de espuma em vez de uma bola de borracha. Poderá encontrar este tipo de bola em lojas de brinquedo (ver Figura 37).

SUMÁRIO

1. Um programa regular de exercício é parte importante da prevenção e do tratamento da osteoporose.
2. Os exercícios são mais eficazes quando executados de forma apropriada.
3. Comece os exercícios lenta e gradualmente, após aconselhamento com seu fisioterapeuta ou médico. Se sentir dor ou mal-estar, pare até falar com seu fisioterapeuta ou médico.

CAPÍTULO OITO

Um guia de cálcio para ter ossos fortes

Embora o cálcio sozinho não possa deter o progresso da osteoporose, a pesquisa revela que o aumento da quantidade de cálcio na alimentação pode tornar o desenvolvimento da doença mais lento. Quando combinado com outras medidas preventivas e métodos de tratamento, como exercícios de condicionamento físico, vitamina D e medicações, é provável que o cálcio contribua para a construção da densidade óssea, principalmente quando se começa a prevenção durante a infância.

A quantidade diária de cálcio recomendada para um adulto é de 1.000mg por dia. Especialistas em osteoporose acham que mulheres em fase de pré-menopausa precisam de 1.000mg por dia e que, depois da menopausa, precisam de 1.500mg diários a fim de evitar a osteoporose.

Para assegurar a quantidade apropriada de cálcio na alimentação, pode-se usar suplementos de cálcio; contudo, é necessário examinar com precisão a quantidade de fato ingerida. Por exemplo, embora comprimidos comuns de carbonato de cálcio contenham 500mg de carbonato de cálcio, só 200 mg são de fato aproveitados pelo corpo (ver Tabela 11).

O cálcio na alimentação pode ser aumentado facilmente incluindo-se três ou quatro porções diárias de alimentos ricos em cálcio. Fizemos uma lista de muitas fontes de cálcio excelentes que estão disponíveis. Este guia de cálcio deve ajudar você e sua família no planejamento de refeições que garantam um teor adequado de cálcio na alimentação diária. Use o seguinte guia de cálcio e o guia de LANCHES e ALIMENTOS SELECIONADOS para planejar suas refeições.

Tabela 11

Alguns suplementos de cálcio

Nome	Tipo de cálcio	Quantidade real de cálcio
Posture	cálcio	1.200mg/comprimido
Comprimidos Tums	carbonato de cálcio comprimido de 500mg	200mg/comprimido
Comprimidos Tums E-X	carbonato de cálcio comprimido de 750mg	300mg/comprimido
Comprimidos Digel	carbonato de cálcio comprimido de 280mg	112mg/comprimido
Comprimidos Alkamints	carbonato de cálcio comprimido de 850mg	340mg/comprimido
Cálcio Biocal suplemento em comprimidos	carbonato de cálcio comprimido de 1.250mg	500mg/comprimido
Cálcio Biocal suplemento mastigável	carbonato de cálcio comprimido de 625mg	250mg/comprimido
Carbonato de cálcio comprimidos, básico	carbonato de cálcio comprimido de 500mg	200mg/comprimido
Carbonato de cálcio suspensão oral	carbonato de cálcio 1.250mg/colher	500mg/colher
Comprimidos Cal-Sup	carbonato de cálcio comprimido de 750mg	300mg/comprimido
Dorcal infantil suplemento	glubionato de cálcio 1.800mg/colher	115mg/colher
Xarope Neo-Glucagon	glubionato de cálcio 1.800mg/colher	115mg/colher
Comprimidos Os-Cal 500	concha de ostra, 1.250mg	500mg/comprimido
Gluconato de cálcio comprimidos, básico	gluconato de cálcio 500mg	45mg/comprimido
Lactato de cálcio comprimidos, básico	lactato de cálcio 650mg	84.5mg/comprimido
Comprimidos Titralac	carbonato de cálcio comprimido de 420mg	168mg/comprimido

Formas de aumentar o cálcio na sua alimentação

- Inclua três ou quatro porções de produtos ricos em cálcio diariamente em sua alimentação. Leite, queijo e iogurte contêm lactose, que aumenta a absorção do cálcio.
- Se estiver contando calorias, não exclua os laticínios de sua dieta, mas escolha produtos de leite desnatado ou com baixo teor de gordura.
- A vitamina D também intensifica a absorção de cálcio pelo intestino. Por isso, a exposição à luz solar, que permite ao corpo criar vitamina D, e a ingestão de leite enriquecido com vitamina D podem ser úteis.
- Evite uma dieta com muita gordura e proteína, visto que a gordura e a proteína excessivas interferem na absorção do cálcio pelo intestino.
- Evite consumo excessivo de refrigerantes e de alimentos congelados contendo aditivos. Níveis altos de fósforo e de fosfatos podem resultar em perda de cálcio dos ossos.
- Outras fontes de cálcio incluem salmões com as espinhas, sardinhas e verduras de folhas verdes. Entretanto, a proporção de oxalato existente em verduras de folhas verdes, como no espinafre e no brócoli, pode diminuir a absorção de cálcio.
- A cafeína contida no café também tem sido considerada responsável pela perda de cálcio; portanto, evite o seu consumo excessivo.

Um guia de cálcio para ter ossos fortes

A Tabela 12, uma lista do conteúdo de cálcio em alguns alimentos comuns, destina-se a ajudá-lo na escolha de alimentos. Os valores de cálcio atribuídos a esses alimentos representam a média e não pretendem ser exatos. O conteúdo de cálcio dos alimentos varia de acordo com os ingredientes e o preparo. Tente usar esses valores para entender quais os alimentos e quais grupos de alimentos contêm um alto teor de cálcio. Produtos de leite e queijo em geral contêm quantidades mais elevadas de cálcio. Muitos produtos alimentícios trazem o conteúdo de cálcio estampado no rótulo.

Tabela 12
Conteúdo de cálcio em miligramas, em alimentos selecionados

Alimento	Porção	Conteúdo de cálcio
Bebidas	*Peso Aproximado*	
Água potável	226g	varia
Alcoólicas		
Cerveja	340g	20
Eggnog (tipo de gemada)	113g	45
Gim	28g	0
Vinho	113g	5-10
Bebidas carbonatadas (gaseificadas)		
Água mineral	226g	33 (varia)
Cerveja de raízes	340g	vestígios
Ginger ale	340g	vestígios
Refrigerantes diferentes de cola	340g	vestígios
Refrigerantes tipo cola	340g	0-vestígios
Bebidas não-carbonatadas		
Ponche	226g	20
Ponche de frutas	170g	12
Suco de maçã	170g	10
Suco de uva-do-monte	170g	10
Café (infusão)	340g	vestígios
Chá	226g	varia
Suco de laranja com cálcio	170g	200-300
Burger King		
Batidas, tamanho médio		
Baunilha	1	295
Chocolate	1	260
Baunilha com calda	1	não consta
Burger King, sanduíche *Wooper*	1	84
Cheeseburger	1	102
Cheeseburger duplo com queijo	1	168
Chocolate com calda	1	248
Croissant para o café da manhã	1	40
Com *bacon*, ovo e queijo	1	136
Com presunto, ovo e queijo	1	136

Tabela 12 (continuação)

Alimento	Porção	Conteúdo de cálcio
Com salsicha, ovo e queijo	1	145
Fritada de ovos mexidos	1 porção	101
Com *bacon*	1 porção	103
Com salsicha	1 porção	112
Grande dinamarquês	1	91
Hambúrguer	1	37
Leite		
2% de gordura	1 xícara	297
Integral	1 xícara	290
Palitos franceses torrados	1 porção	77
Rodelas de cebola, tamanho normal	1 porção	124
Salada simples	1 porção	18
Com queijo Faixa Azul	1 porção	44
Com tempero da casa	1 porção	37
Com *Thousand Island*	1 porção	66
Italiana, de baixa caloria	1	42
Sanduíche de frango	1	79
Sanduíche de presunto e queijo	1	195
Sanduíche *Whaler*	1	46
Wooper com queijo	1	215
Wooper duplo de carne	1	95
Wooper duplo de carne com queijo	1	226
Wooper Júnior	1	40
Wooper Júnior com queijo	1	105
Carnes e aves		
Bacon, torrado e seco	2	2
Carne assada	1 fatia	12
Carne cozida com vegetais	1 xícara	30
Chili com carne e feijão	1 xícara	82
Chili com carne sem feijão	1 xícara	14
Enchiladas de carne e queijos	226g	310
Pot Pie de carne (31cm de diâmetro)	1 pastelão	35
Ravióli de carne	2.026g	34

Tabela 12 (continuação)

Alimento	Porção	Conteúdo de cálcio
Spaghetti, carne e queijo	1 xícara	125
Carne de vaca, carne salgada em lata	85g	20
Carne magra	85g	11
Carne seca fatiada	85g	9
Chuck, pot roast	85g	9
Hambúrguer comercial	85g	10
Rosbife (assado no forno)	85g	10
Steak, round	85g	10
Steak, sirloin	85g	10
Carneiro, costelas grelhadas	113g	11
Carnes para lanche, Bolonha (11cm de diâmetro)	2 fatias	7
Carne moída seca	85g	15
Presunto	56g	5
Rosbife	1 fatia	12
Coração bovino, frito no óleo	85g	6
Carneiro, 2 pedaços	85g	12
Frango	3 média	3
Novilho, 1 pedaço grande	85g	3
Porco, 2 pedaços	85g	3
Frango		
Filé "à la Frankfurt" (19cm de comprimento)	2	12
Pastelão de frango (12cm de diâmetro)	1 pastelão	40
Frango "à la king"	1 xícara	127
Chow mein (prato chinês com carne, cogumelos, frango e legumes)	1 xícara	55
Devine, preparado com leite	58g	174
Fricassê, preparado	1 xícara	14
Pot Pie de frango (31cm de diâmetro)	1 pastelão	40
Frango grelhado	85g	7

Tabela 12 (continuação)

Alimento	Porção	Conteúdo de cálcio
Assado	85g	2
Frito, peito, coxa ou antebraço	85g	7
Língua de vaca	56g	7
Miolos, carne de vaca, novilho, porco, ovelha	892g	10
Pães doces, novilho cozido no vapor	122g	7
Pato	85g	9
Peru assado	85g	9
Porco, costeleta gorda	85g	8
Presunto enlatado	56g	5
Porco, presunto, enlatado e condimentado	56g	5
Croquete de presunto	1	45
Lingüiça	122g	7
Porco, *bacon*, cozido e seco	2	2
Presunto para lanche	56g	5
Salsichão de fígado	56g	4
Vitela, costeleta grelhada	85g	9
Combinação de alimentos		
Canelone de carne, com molho de tomate	2.307g	298
De camarão, com molho de queijo	2.307g	490
De frango, com molho de queijo	2.307g	389
Charutos de repolho	226g	55
Chili com carne e feijão	226g	90
Sem feijão	226g	80
Chow mein de frango	226g	40-50
Cozido de carne e vegetal	226g	29
Enchiladas, carne e queijo	226g	309
Enchiladas, queijo	340g	425
Estrogonofe de carne	170g	24

Tabela 12 (continuação)

Alimento	Porção	Conteúdo de cálcio
Feijão com salsicha alemã	226g	122
Frango "à la king"	226g	127
Frango à parmegiana	198g	174
Frango com arroz	226g	122
Frango e talharim	226g	26
Fritter de milho	99g	64
Lasanha com queijo	226g	220
Macarrão com queijo	340g	220
Picadinho de carne	283g	65
Torta de carne	226g	32
Torta de frango	226g	70
Frutas		
Abacate	1/2 grande	10
Abacaxi enlatado em fatias	1 xícara	30
Amassado	1 xícara	25
Cru, em cubos	1 xícara	25
Ameixas enlatadas em calda	1 xícara	10
Cruas (8 cm de diâmetro)	1	10
Ameixas secas cozidas (sem adoçante)	1 xícara	50
Amoras pretas, frescas	1 xícara	20
Azeitonas grandes, verdes, enlatadas	10	25
Grandes, maduras, enlatadas	10	80
Banana	1 média	10
Caquis japoneses	1 médio	30
Cerejas enlatadas, sem caroço (sem adoçante)	1 xícara	40
Frescas, cruas	1 xícara	35
Coquetel de frutas em lata	1 xícara	30
Damascos enlatados em calda	1 xícara	30
Frescos	3 médios	20
Secos, crus	1 xícara	90
Sucos ou néctar	1 xícara	20

Tabela 12 (continuação)

Alimento	Porção	Conteúdo de Cálcio
Figos		
Cozidos no vapor ou enlatados em calda	3 médios	10
Frescos, crus	3 médios	55
Framboesas congeladas	1/2 xícara	15
Laranjas frescas, grandes	1	55-80
Limonada congelada (concentrada)	28g	10
Maçãs cruas	1 grande	10
Enlatadas ou fervidas	1 xícara	10
Melancia (11cm X 22cm)	1 fatia	30
Melão	1/2 médio	40
Mirtilos enlatados	1 xícara	20
Congelados	1 xícara	20
Secos	1 xícara	20
Morangos congelados	1 xícara	35
Crus	1 xícara	35
Papaia fresca, em cubos	1 xícara	10
Peras enlatadas, adoçadas	1 xícara	15
Cruas (6cm X 8cm)	1 média	30
Pêssegos enlatados, em fatias	1 xícara	10
Frescos	1 médio	14
Ruibarbo cozido (adoçado)	1 xícara	120
Suco de ameixa (sem adoçante)	1 xícara	35
Suco de laranja com cálcio	170g	200-300
Suco de lima congelado (concentrado)	170g	20
Suco de limão	1/2 xícara	10
Suco de maçã, fresco ou enlatado	1 xícara	15
Suco de uva, em garrafa	1 xícara	30
Tâmaras secas	1 xícara	105
Tangerinas frescas	1 média	35
Toronja (*grapefruit*) enlatada em pedaços	1 xícara	30
Fresca (13cm de diâmetro)	1/2	15
Suco	1 xícara	20

Tabela 12 (continuação)

Alimento	Porção	Conteúdo de cálcio
Uva concord	1 xícara	15
Uva Moscatel	1 xícara	20
Uva-passa	1/2 xícara	50
Laticínios		
Bebida achocolatada	226g	250
Coalhada	1 colher de sopa	14
Creme, *light*	1/2 xícara	130
Integral	1/2 xícara	90
Iogurte congelado, alto teor de cálcio	226g	300
Com 1% de gordura	226g	350
Congelado, vários sabores	170g	150
Desnatado	226g	450
Iogurte congelado, suave	85g	60
Picolé de iogurte congelado	70g	100-150
Leite achocolatado, 1% de gordura	226g	300
Leite condensado	226g	800
Leite de cabra	226g	300
Leite de vaca, enriquecido com cálcio	226g	500
Alta proteína	226g	350
Desnatado	226g	300
Integral	226g	300
Lactose reduzida	226g	300
2%	226g	300
Leite em pó desnatado, preparado	226g	300
Leite evaporado normal, desnatado	226g	500-600
Manteiga	1 colher de sopa	3
Margarina, refinada	226g	300
Baixo teor de gordura	226g	300
Milk-shake, médio de baunilha	226g	250
Médio de chocolate	226g	400
Médio misto	226g	300

Tabela 12 (continuação)

Alimento	Porção	Conteúdo de cálcio
Molho branco, médio	1 xícara	288
Musse	1/2 xícara	100
Picolé de baunilha, médio	1	60
Pudim no palito	1	75
Pudins, enlatados, vários sabores	226g	100
Cozidos, preparados com leite	1/2 xícara	150-200
Instantâneo sem açúcar	1/2 xícara	150
Instantâneos	1/2 xícara	150-200
Queijo		
Queijo Camembert	28g	30
Queijo Cheddar	28g	210
Queijo Cheddar gratinado	1 xícara	845
Queijo Colby	28g	200
Queijo com baixo teor de gordura, caloria reduzida	28g	200
Queijo Cottage 1% de gorduras de leite	226g	140
2% de gorduras de leite	226g	150
4% de gorduras de leite	226g	214
Queijo cremoso	226g	150
Queijo cremoso	28g	18
Queijo cremoso americano	28g	175
Queijo Edam	28g	200
Queijo Faixa Azul	28g	140
Queijo fatiado americano	28g	150-200
Jalapeno	28g	200
Monterrey Jack	28g	200
Queijo Feta	28g	135
Queijo Gouda	28g	190
Queijo Monterrey	28g	200
Queijo parmesão gratinado	1 colher de sopa	65
Queijo parmesão duro	28g	325
Queijo Roquefort	28g	175
Queijo Suíço	28g	270-300
Ricota	28g	175
Suflê de queijo	1 xícara	191
Sorvete, diversos sabores	1 xícara	175-270

Tabela 12 (continuação)

Alimento	Porção	Conteúdo de cálcio
Vitamina instantânea com leite	226g	400-500
Welsh Rarebit (queijo derretido com cerveja e servido sobre torradas)	1 xícara	582
McDonalds		
Batatas fritas à francesa	1 porção	9
Batatas *Mashbrown*	1 porção	533
Big Mac	1 (200g)	203
Bolinho inglês com manteiga	1	117
Bolinhos quentes com manteiga	1 porção	103
Canela e passa dinamarquesa	1	35
Cheeseburger	1 (114g)	169
Chicken McNuggets	109g	11
Cookies de chocolate em pedaços	69g	29
Cookies McDonalds	67g	12
Eggs McMuffin	1	225
Filé-*O-Fish*	1 (143g)	133
Framboesa dinamarquesa	1	14,2
Hambúrguer	1 (100g)	84
Maçã dinamarquesa	1	14
McD. L.T.	1 (254g)	250
Milk-shake de baunilha	1 (291g)	329
Milk-shake de chocolate	1 (291g)	320
Milk-shake de morango	1 (290g)	322
Ovos mexidos	1 porção	61
Pãozinho com recheio	1	74
Pãozinho com salsicha	1	62
Pãozinho com salsicha e ovo	1	115
Quarteirão com queijo	160g	98
Queijo gelado dinamarquês	1	32,9
Salsicha de porco	1 porção	16
Salsicha McMuffin	1	196
Sorvete em casquinha	1 (115g)	183
Sundae de caramelo quente	1 (165g)	200
Sundae de morango	1 (164g)	174

Tabela 12 (continuação)

Alimento	Porção	Conteúdo de cálcio
Sundae Hot Fudge	1 (165g)	215
Torta de maçã	1 (85g)	14
Traseiro de boi moído com queijo	1 (186g)	255
Miscellaneous		
Peso mínimo de fermento	1 colher de sopa	1500
Nozes		
Amêndoas secas	1/2 xícara	170
Torradas e salgadas	1/2 xícara	185
Amendoins torrados	1/3 xícara	40
Cajus	1/2 xícara	30
Coco ralado	1/2 xícara	10
Manteiga de amendoim (comercial)	1/3 xícara	50
Nozes brasileiras	1/2 xícara	130
Nozes cruas	1/2 xícara	60
Pecãs (noz brasileira, noz-pecã) cruas	1/2 xícara	35
Sementes de gergelim secas	1/2 xícara	85
Sementes de girassol	1/2 xícara	90
Óleos, gorduras e manteigas		
Banha de porco	1 xícara	0
Gordura hidrogenada para cozinha	1 xícara	0
Maionese	1 colher de sopa	5
Manteiga	1 colher de sopa	35
Margarina	1 colher de sopa	5
Margarina	1/2 xícara	20
Óleos		
Óleo de amendoim	1 colher de sopa	0
Óleo de oliva	1 colher de sopa	0
Óleos de milho, soja e açafroa	1 colher de sopa	0
Complementos de salada		
Queijo Azul e Roquefort	2 colheres de sopa	25
Queijo Francês	2 colheres de sopa	5
Queijo Italiano	2 colheres de sopa	5

Tabela 12 (continuação)

Alimento	Porção	Conteúdo de cálcio
Queijo Russo	2 colheres de sopa	5
Queijo Thousand Osland	2 colheres de sopa	5
Ovos		
Ovo cozido	1 grande	28
Substituto de ovo com queijo	113g	28-78
Substituto de ovo médio	113g	25-75
Pães, grãos, cereais, massas		
Arroz beneficiado, antes do cozimento	1 xícara	59-65
Branco, antes do cozimento	1 xícara	45
Branco, cozido	1 xícara	15-20
Marrom, antes do cozimento	1 xícara	60
Baguete	1 média	20
Biscuit (5cm de diâmetro) médio	1	40
Cereal seco com 1/2 xícara de leite	28g	150-350
Farelo de aveia com leite	28g	150
Farinha de aveia com leite	28g	160-170
Farinha feita em casa	1 xícara	300
Branca, todos os fins	1 xícara	18-20
Trigo, todos os fins	1 xícara	20
Farinha preparada com leite	3/4 de xícara	150
Fettuccine com molho de queijo	56g	40
Flocos de milho vitaminados, cozidos	1 xícara	2
Lasanha com queijo	226g	220
Macarrão gratinado com queijo	1 xícara	360
Congelado	1 xícara	235
Cozido	1 xícara	15
Em lata, com queijo	1 xícara	199
Manicotti recheado de queijo	240g	300-550
Muffin, farinha refinada	1	35-90
Panquecas de trigo sarraceno (4" de diâmetro)	4	230-390
Feita com farinha enriquecida	4	150-190

Tabela 12 (continuação)

Alimento	Porção	Conteúdo de cálcio
Pão de milho, farinha integral	1 pão	95
Pão fatiado, trigo	1 fatia	20
Branco vitaminado	1 fatia	25
De centeio	1 fatia	25
De passas	1 fatia	25
De trigo integral	1 fatia	25
Pãozinho dinamarquês para café da manhã	1 pãozinho	20
De farinha de trigo integral	1 pãozinho	34-45
De farinha refinada	1 pãozinho	15-30
Pizza de queijo (27cm de diâmetro) massa meio fina	1 pizza	620
Recheio, pão	1/2 xícara	35-45
Spaguetti, vitaminado, cozido	1 xícara	14
Com molho de tomate e queijo	1 xícara	80
Talharim	1 xícara	15
Tortilha	1	45
Wafles congelados	2 pequenos	40-90
Frescos	1 grande	180
Peixes e frutos do mar		
Arenque defumado	1 pequeno	13-45
Atum em lata	85g	25
Bacalhau grelhado	1 pedaço	64
Bolinhos fritos de bacalhau	2 pequenos	0
Camarão cozido a vapor	141g	95
Caranguejo apimentado (6cm de diâmetro)	1 xícara	113
Imperial	1 xícara	132
Carne de caranguejo cozida	1 xícara	65
Escalopes empanados fritos	99g	110
Hadoque frito	88g	11-40
Lagosta cozida no vapor	453g	300
Linguado assado	28g	7
Moluscos, cozidos ou enlatados	226g	121

Tabela 12 (continuação)

Alimento	Porção	Conteúdo de cálcio
Newburg de lagosta	1 xícara	218
Salada	1/2 xícara	34
Ostra fervida preparada com leite	1 xícara	280
Ostras cruas (13-19) médias	1 xícara	220
Peixe espada, grelhado	1 pedaço	37
Salada de atum	1 xícara	41
Salmão em lata	85g	160-250
Salmão vermelho com espinhas	99g	195-350
Sardinhas enlatadas com espinhas	8 médias	350-450
Shad assado	28g	7
Sopa de mariscos	1 xícara	37-170
Fritters	1 pedaço	30
Sticks de peixes	4	12
Salgadinhos e petiscos		
Folhados de queijo	28g	16
Palitos de queijo (13cm de comprimento)	10 pedaços	150
Pretzels	10	6
Salgadinhos de batata	10 rodelas	8
Salgadinhos de milho	28g	30-40
Tortinha *chips*	28g	35
Tortinha *chips* sabor de queijo	28g	50
Sanduíches		
Bacon, alface e tomate, pão branco	1	53
Cachorro-quente	1	65
Carne moída, pão de centeio	1	50
Pão branco com manteiga de amendoim e geléia	1	70
Pão branco com presunto	1	40
Pão branco com rosbife	1	60
Pão branco com salada de atum	1	48
Requeijão e geléia, pão branco	1	60
Salada e frango, pão branco	1	50
Salada e ovo, pão branco	1	65

Tabela 12 (continuação)

Alimento	Porção	Conteúdo de cálcio
Sobremesa e doces		
Açúcar mascavo, escuro	1 xícara	165
Granulado	1 xícara	0-vestígio
Biscoitos de tamanho médio		
Açúcar	1	6
Biscoitos de bichinhos	10	14
Brownies	2 grandes	10
Chip de chocolate	1	8
Crackers Graham	1	6
Farinha de aveia	1	7-15
Manteiga de amendoim	1	5-12
Snaps de gengibre	1	5
Tabletes de figo	1	1
Bolo, bolo de anjo	1 fatia	2-40
Amarelo, coberto de chocolate	1 fatia	60-80
Bolo de cobertura	1	23-35
Bolo de frutas, médio	1 fatia	10-30
Bolo inglês	1 fatia	6-15
Branco, coberto de chocolate	1 fatia	60-90
Chocolate, coberto de chocolate	1 fatia	70
Pão de gengibre, médio	1 pedaço	60-80
Pão-de-ló	1 fatia	10-25
Doces, balas	28g	40
Brittle de amendoim	28g	10
Chocolate em pedaços	28g	25
Chocolate ao leite	28g	65
Doces duros	28g	0
Mashmallow, grande	1	1
Petit-four, simples	28g	20-30
Doughnuts tipo bolo	1	6-25
Gelatina preparada com água	1 xícara	0
Geléias	1 colher de sopa	1-4
Geléias de frutas em conserva	1 colher de sopa	4
Manjar feito em casa com leite e ovos	1/2 xícara	145

Tabela 12 (continuação)

Alimento	Porção	Conteúdo de cálcio
Manjar de coco	1/2 xícara	140
Mel	56g	2-4
Melado Blachstrap	1 colher de sopa	135
Melado de cana, refinado	1 colher de sopa	30-60
Pudim de creme de tapioca	1 xícara	170-250
Pudim de pão	1 xícara	200
Pudins — veja *Laticínios*		
Sorvete — veja *Laticínios*		
Sorvete de frutas	1 xícara	95
Tortas com (1/8 ou 24cm de diâmetro)		
Abóbora	1 fatia	45-95
Butterscotch	1 fatia	80
Cerejas	1 fatia	70-150
Creme de banana	1 fatia	130
Maçã	1 fatia	10
Manjar	1 fatia	70-150
Merengue de limão	1 fatia	14-24
Pasta de frutas cristalizadas	1 fatia	20-45
Xarope de boldo	2 colheres de sopa	40-60
Misturas de mesa	2 colheres de sopa	18
Sopas preparadas e enlatadas		
Aspargo (com leite)	226g	175
Brócoli (com leite)	226g	285
Carne com vegetais	226g	10
Carne com vegetais	226g	15
Ervilha partida, com água	226g	30
Ervilha partida, com leite	226g	180
Feijão com carne de porco (com leite)	226g	285
Frango com arroz	226g	5
Frango com vegetais	226g	15
Frango ou Peru (sem leite)	226g	25
Minestrone	226g	35

Tabela 12 (continuação)

Alimento	Porção	Conteúdo de cálcio
Queijo (com leite)	226g	275
Quiabo com frango	226g	40
Sopa de mariscos, tipo Manhattan	226g	75
Sopa de mariscos, tipo New England	226g	190
Sopas cremosas de galinha, peru, aipo, cogumelo e batata	226g	100-215
Talharim com carne	226g	15
Talharim de frango	226g	10
Tomate, com água	226g	15
Tomate, com leite	226g	170
Vegetais, vegetariana	226g	20
Vegetais		
Abóbora de verão	1 xícara	45
Agrião cru, cortado fininho	1 xícara	190
Aipo cozinho em cubos	1 xícara	50
Talos crus	1 xícara	45
Alcachofra, centro	1 grande	60
Alface, bem como salada de repolho cru (com maionese)	1 xícara	50
Chucrute enlatado	1 xícara	85
Repolho no vapor	1 xícara	65
Alface verde	1/4 pé	20
Aspargos verdes	6 talos	20
Batatas assadas	1 média	15
Amassadas com leite e manteiga	1 xícara	70
Batata-doce, assada com casca	1 batata	40
Chips	10	10
Escalopes de batata com queijo	1 xícara	310
Fritas à francesa	10	10
No vapor	1 média	15
Salada de batata com queijão	1 xícara	80
Berinjela cozida	1 xícara	25
Beterraba cozida	1 xícara	25

Tabela 12 (continuação)

Alimento	Porção	Conteúdo de Cálcio
Beterraba, verduras, no vapor	1 xícara	145
Brócoli no vapor	1 xícara	135
Broto de feijão cru	1 xícara	20
Cebolas cozidas	1 xícara	50
Crua, verde	1 xícara	65
Cenoura branca, no vapor	1 xícara	70
Cenoura cozida em cubos	1 xícara	50
Crua, ralada	1 xícara	40
Palitos de cenoura crua	46g	20
Cogumelos crus	1 xícara	10
Couve *Collard* no vapor	1 xícara	35
Couve-de-bruxelas no vapor	1 xícara	50
Couve-flor no vapor	1 xícara	25
Couve no vapor	1 xícara	205
Dente-de-leão cozido	1 xícara	25
Ervilhas verdes, enlatadas	1 xícara	50
Congeladas	1 xícara	30
Frescas, no vapor	1 xícara	35
Escarola	1 xícara	45
Espiga de milho cozida	1 espiga	5
Milho enlatado	1 xícara	22
Milho, pedaços	1	22
Espinafre cozido no vapor	1 xícara	170
Feijão de soja	1 xícara	130
Requeijão (6cm X 58cm)	1 pedaço	155
Feijões, feijões assados	1 xícara	150
Feijão preto	1 xícara	270
Feijão roxo enlatado	1 xícara	75
Grão-de-bico enlatado	1 xícara	150
Lima cozida	1 xícara	80
Navy assada com vinho do porto	1 xícara	95
Vagens	1 xícara	80
Folhas de acelga, no vapor	1 xícara	130
Folhas de mostarda, no vapor	1 xícara	200
Folhas de nabo, cozidas no vapor	1 xícara	270

Tabela 12 (continuação)

Alimento	Porção	Conteúdo de cálcio
Lentilhas	1 xícara	50
Nabo sueco	1/2 xícara	50
Pepino, fatias finas	1 xícara	5
Picles, pepino, dill, grandes	1 picle	35
Quiabo, no vapor	1 xícara	150
Tomates enlatados inteiros	1 xícara	55
Catchup	1 colher de sopa	5
Cru	1 grande	25
Suco	1 xícara	20

CAPÍTULO NOVE

Casos clínicos: pacientes que controlaram sua osteoporose

Prevenção e tratamento funcionam? No nosso consultório, observamos o resultado do tratamento da osteoporose todos os dias. Normalmente, descobrimos que a pessoa capaz de manter um programa regular, como foi descrito nos Capítulos Quatro e Cinco, melhora da doença. Entretanto, a maioria das pessoas, mesmo em estágio adiantado de osteoporose (3º e 4º Estágios), pode reassumir as atividades diárias com menos limitações. Cada parte do programa é importante — exercícios, medicação e eliminação dos fatores de risco. Os que não melhoram em geral não conseguem seguir esse programa.

Vejamos exemplos específicos de pessoas que trataram de sua osteoporose com eficácia. Trata-se de casos reais tirados dos registros da nossa clínica, com nomes alterados.

Um caso que analisamos no Capítulo Um é o de uma senhora de 60 anos que trabalhava como caixa. Nancy desenvolveu uma intensa e constante dor nas costas, durante um ou dois anos, devido a algumas fraturas de compressão na espinha. Ela ficou mais curvada e tinha dor constante e muito forte. Tornou-se incapaz de continuar seu trabalho. Depois do diagnóstico de osteoporose (4º Estágio), Nancy iniciou um programa regular de exercícios para as costas e caminhadas; além disso, começou a tomar cálcio, outros medicamentos e parou de fumar. Num período de meses, a dor diminuiu, seu andar melhorou e ela voltou a trabalhar como caixa, um emprego que exige que se fique em pé por várias horas ao dia. Nancy não teve mais fraturas.

Judy é uma senhora de 55 anos que foi examinada depois de sofrer durante um ano de dor aguda nas costas, que começou enquanto andava a cavalo. Descobriu-se que estava com osteoporose e fraturas de compressão na espinha. Ela iniciou os exercícios e as caminhadas. Também começou um programa de tratamento incluindo cálcio, alguns remédios e terapia com estrógenos. Depois de oito meses, sua dor diminuiu a ponto de não mais se tornar uma limitação. Não houve mais nenhuma fratura. Os testes de densidade óssea mostraram melhora da osteoporose depois de dois anos de tratamento.

Bárbara é uma senhora de 60 anos que sofre de grave artrite reumatóide há anos. Ela teve várias fraturas na espinha que exigiram internação em hospital. Tem intolerância a medicamentos, inclusive ao cálcio, à vitamina D, ao fluoreto e à calcitonina. No seu caso, exercícios e caminhadas são limitados pela grave artrite. Continua a ter fraturas e mais limitação em suas atividades, além de dores fortes e constantes nas costas. As limitações a que está sujeita evitaram que seguisse um programa de tratamento, o que provavelmente impediu a sua melhora.

Elizabeth é uma jovem esportista de 19 anos que se dedica a corridas de longa distância. Nos treinamentos desenvolveu uma forte dor no pé direito e teve várias fraturas nos ossos dos pés. Todos os outros testes foram normais. O treinamento intenso a que se submeteu causou um interrupção da menstruação. É bem provável que isto tenha resultado em perda de densidade óssea, provocando as fraturas. Ela diminuiu ligeiramente o nível de treinamento, acrescentou estrógeno ao tratamento e não sofreu novas fraturas.

Mary tem 65 anos, vive numa comunidade retirada e sofreu de fortes dores nas costas durante três anos. Suas costas se curvaram e ela teve de limitar seriamente suas atividades. Descobrimos que estava num estado avançado de osteoporose. Ela começou um programa regular de exercícios e caminhadas, e a ingerir cálcio, vitamina D e calcitonina. Devido à náusea, era incapaz de tolerar o tratamento com fluoreto. Depois de sete meses, voltou a poder caminhar uma ou duas milhas por dia, e agora é conhecida na comunidade em que vive como "a andarilha".

Outra paciente, June, tem 59 anos e fuma há 30. Sua mãe tinha uma grave osteoporose com fratura da bacia e fraturas de compressão na espinha. Sua mãe agora anda muito pouco por causa de fortes dores nas costas. Seu pai morreu depois de uma fratura da bacia e de uma prolongada doença, internado numa clínica. June não tinha fraturas, porém, devido aos seus fatores de risco de contrair osteoporose, fez um teste de densidade óssea. Descobriu-se que já tinha uma osteoporose significativa. Começou um tratamento para o 2º Estágio da osteoporose. Aumentou o consumo de cálcio para 1.500mg diários. Começou um programa regular de exercícios e caminhadas, bem como diminuiu o número de cigarros. Planeja deixar de fumar assim que for possível.

Só o tempo dirá se os esforços de June fortalecerão os seus ossos e evitarão fraturas. O fato de conhecer os fatores de risco abriu-lhe os olhos para começar o tratamento num estágio inicial da doença. Caso contrário, isso não teria sido possível.

Susan tem 67 anos e sofre de enfisema há muitos anos. Procurou o médico há um ano porque a dor na parte superior das costas limitava seus movimentos. Ela havia sido bastante ativa, inclusive jogando golfe; contudo, foi impedida de continuar por causa da dor nas costas. Seu diagnóstico foi de osteoporose com fraturas na espinha torácica (a parte central e superior das costas). Seu 3º Estágio da osteoporose foi tratado com exercícios para as costas, caminhadas, ingestão de cálcio e de outros medicamentos. Depois de cerca de nove ou dez meses, Susan havia recomeçado a andar regularmente e agora joga golfe outra vez, embora seu desempenho não tenha o mesmo nível de antes.

A osteoporose não é uma doença que só ataca as mulheres. Larry, um senhor de 65 anos, tinha dor na parte inferior das costas há anos. Havia aprendido a conviver com a dor e aposentou-se assim que pôde do seu trabalho como soldador. Fumava há 20 anos. Raramente comia produtos derivados de leite. Vários membros da família haviam fraturado ossos, perdido altura e adquirido postura encurvada. Depois de fazer uma mudança e erguer algumas caixas, começou a sentir dores muito fortes no centro e na parte inferior das costas. Os exames mostraram que estava com osteoporose e fraturas na espinha. Sua doença, no 3º Estágio, foi tratada com exercícios, caminhadas, cálcio e outros medicamentos.

Agora anda ligeiramente encurvado, mas não sente dores na parte superior das costas e voltou ao nível anterior de atividade.

Fred, outro senhor de 65 anos, é um executivo aposentado. Até adquirir uma doença que exigiu o uso de prednisona, gozara de excelente saúde e era muito ativo. Prednisona é um remédio à base de cortisona. Seu problema de saúde, uma artrite temporária, foi muito bem controlado com a medicação. No entanto, após alguns meses de tratamento, Fred começou a ter dores intensas no quadril direito depois de uma queda. Descobriu que tinha fraturado a bacia, que desde então vem sendo tratada. Os exames feitos nessa ocasião mostraram que estava com osteoporose. É possível que a prednisona, necessária para controlar seu problema de saúde, tenha contribuído tanto para a osteoporose como para a fratura. Esse 3º Estágio da osteoporose foi tratado. Além disso, Fred continua a usar da dosagem mínima de prednisona necessária para manter seu outro problema sob controle.

Qualquer pessoa pode desenvolver a osteoporose. Se você conhecer os fatores de risco compreendidos na doença, poderá agir e começar a prevenir, a controlar e a fazer um tratamento para o seu estágio específico.

Muitos exemplos de osteoporose estão disponíveis. Em geral, notamos melhoras se a pessoa for capaz de seguir um programa regular que inclua:

- Eliminação de fatores de risco
- Programa regular de exercícios
- Caminhadas
- Medicação adequada

A melhora nem sempre ocorre para aqueles que não podem seguir um programa regular. Essas pessoas podem ter intolerância às medicações, podem ser incapazes de seguir um programa regular de exercícios ou podem se sentir tão desanimadas que a continuação do tratamento se torna difícil.

Se um paciente de osteoporose seguir essas diretrizes é raro que não melhore, mesmo que o caso seja de osteoporose avançada. Nunca é cedo demais para começar a prevenção e nunca é tarde demais para iniciar um tratamento adequado. Aprenda a controlar a osteoporose e você será capaz de mudar o resultado dessa doença.

Linda, uma dona de casa de 58 anos, pensava que fosse jovem demais para ter osteoporose. Além disso, não havia casos da doença na família. Recentemente, tivera de cuidar do marido durante uma longa doença que exigia que o erguesse e virasse freqüentemente. Linda fizera uma histerectomia para remoção dos ovários dez anos antes. Não fez tratamento à base de estrógenos pois teve medo dos efeitos colaterais. Começou a ter fortes dores no centro das costas. Posteriormente, descobriu-se que Linda teve uma fratura de compressão na espinha devido à osteoporose. Não se descobriram outros problemas de saúde subjacentes. Foi tratada com cálcio e outros medicamentos. Agora ela anda mais de duas milhas por dia e, às vezes, sente dor nas costas, mas isso não limita nenhuma das suas atividades.

Mary, uma professora de 70 anos de idade, começou a sentir fortes dores nas costas uns seis meses depois de fazer uma operação de câncer no intestino. Embora a propagação do câncer possa provocar dores nas costas, descobriu-se que estava com osteoporose e com fratura em uma das vértebras na parte inferior das costas (espinha lombar). Ela melhorou depois de ficar de cama durante uma semana e começou um programa suave de exercícios sob a supervisão de um terapeuta. Embora precisasse usar uma muleta no início, agora anda sem ajuda. O 3º Estágio da osteoporose que afligia Mary não lhe causa mais grandes limitações. Esperamos que seu tratamento evite futuras fraturas, embora não se possa garantir isso. Parece razoável continuar com esse tratamento.

Kay, uma mulher extremamente ativa de 66 anos, aposentou-se como executiva financeira. Começou a ter dor no pé esquerdo depois de uma caminhada, quando estava de férias. Embora sofresse de artrite nos pés, a dor lhe pareceu diferente. Kay tinha uma pequena fratura num dos ossos do pé. Testes de densidade óssea demonstraram que ela estava com osteoporose, porém não apresentava nenhum outro problema sério de saúde. A dor da fratura no pé foi diminuindo progressivamente.

Quem pode contrair osteoporose? Como você pode ver, ao ler as histórias desses pacientes, qualquer pessoa! A osteoporose não é uma doença que atinge apenas mulheres idosas. Essa doença pode acontecer aos homens e às mulheres, jovens e velhos, embora seja mais comum no sexo feminino. A prevenção e o tratamento imediatos são as chaves para deter os efeitos devastadores da doença.

Quanto mais informação sobre a prevenção e o tratamento da osteoporose você tiver, tanto melhor poderá controlar a sua doença.

SUMÁRIO

Prevenir e tratar a osteoporose é possível se houver uma combinação de exercícios, medicação adequada e remoção dos fatores de risco incluídos na vida rotineira do paciente.

A osteoporose pode atacar homens e mulheres, jovens ou idosos. Nunca é cedo demais para começar a prevenção e nunca é muito tarde para considerar a idéia de um tratamento adequado.

CAPÍTULO DEZ

Perguntas que os pacientes costumam fazer

Diariamente, temos de responder em nosso consultório a uma porção de perguntas relativas à osteoporose. Essas perguntas são de pacientes que sofrem com a doença, dos membros de sua família e de pessoas que querem evitar esse mal deformante.

A comunicação com o seu médico é vital no tratamento de qualquer doença. Sugerimos que os pacientes anotem quaisquer preocupações que possam ter antes do exame físico para então fazerem as perguntas ao médico apropriado.

Ao analisar o seu problema individual com seu médico, você poderá aprender meios específicos de analisar a osteoporose do ponto de vista de um conhecedor do assunto, que irá beneficiá-lo.

Estas são algumas das perguntas que nos fazem com maior freqüência:

P: *Uma jovem mulher pergunta: "Estou preocupada com a osteoporose, principalmente depois que li tantos artigos sobre isso nas revistas ultimamente. Minha mãe está em meio à casa dos 50 anos e seus fatores de risco não parecem ser muitos, além do fato de ter ultrapassado os 40. Ela deve começar a fazer um tratamento de prevenção? Há algo que possamos fazer juntas?"*

A maioria de nós conhece alguma senhora de meia-idade, ou mais idosa, que está com risco de ter osteoporose. Pode se tratar de uma amiga, da esposa, de uma tia ou da mãe. Muitas dessas mulheres já estão com osteoporose e correm o risco de sofrer fraturas. Temos de lembrar que a osteoporose pode se iniciar antes dos 40 anos. Essas mulheres têm ossos que já alcançaram a maturidade e podem estar no estágio da gradual redução da quantidade total da densidade óssea. Sua postura pode estar ligeiramente mais curvada do que em anos anteriores. Sua altura pode ser ligeiramente menor do que quando eram jovens.

No que se refere a você e à sua mãe, há passos que ambas podem dar a fim de retardar ou prevenir futuros problemas da osteoporose, tais como as fraturas. Sua mãe pode estar no 1º ou no 2º Estágio da doença. Em outras palavras, a perda gradual de densidade óssea já começou, embora não seja detectável (1º Estágio) ou já houve suficiente rarefação dos ossos que pode ser verificada por um teste de densidade óssea (2º estágio) (Figura 38).

Esta é uma ocasião excelente para ambas começarem a prevenção. É um momento que um pouco de esforço e de aborrecimento pode permitir uma grande economia posterior em doença, despesas e perda de atividade.

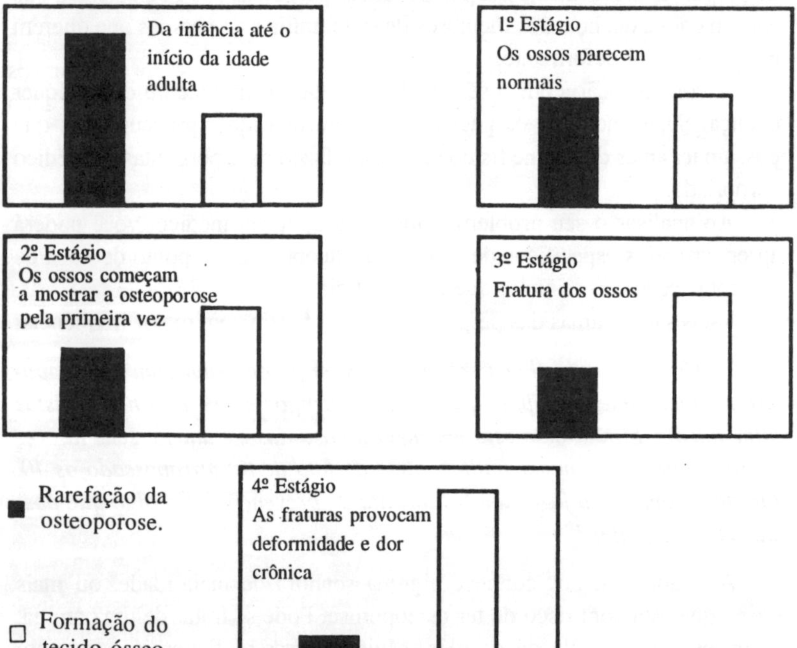

Figura 38. Estágios da osteoporose.

Se a sua mãe tiver mais do que um ou dois fatores de risco, então as possibilidades de ter osteoporose aumentam muito. Quanto mais fatores de risco estiverem presentes, maior a necessidade de agir depressa. Esse pode ser o único aviso da doença antes que haja fraturas nos anos vindouros.

Sua mãe pode querer discutir esses fatores de risco e sua situação com o médico dela. Dependendo do seu quadro de fatores de risco e condições de saúde, testes de densidade óssea detectarão a osteoporose, se ela estiver presente.

Se houver mais de um ou dois fatores de risco, então sua mãe deve tomar medidas de prevenção específicas, conforme foram delineadas no Capítulo Cinco. Essas medidas podem incluir a ingestão de cálcio, e prática de exercícios e outros tipos de prevenção. Essa ação pode retardar ou prevenir uma futura osteoporose. Se os testes descobrirem a osteoporose, então pode ser necessário tomar outras medidas, incluindo-se a possibilidade de tomar remédios. Esses tratamentos são descritos no Capítulo Seis.

Não convém esperar até que uma fratura nos chame a atenção para a osteoporose. A fratura pode causar muitas limitações (como mostram os exemplos deste livro), e provavelmente sairá muito cara. Nunca é cedo demais para começar a prevenir a osteoporose.

P: *Um homem de 68 anos pergunta: "Por que remédios como a cortisona aumentam o risco de se desenvolver osteoporose? Tenho usado prednisona há anos para a asma e fico pensando se não é tarde demais para ajudar o meu corpo. O que devo fazer?"*

Você realmente corre alguns riscos. Na maioria dos casos iguais ao seu, a probabilidade da existência da osteoporose é muito alta. O fato de estar com 68 anos, de ter uma doença pulmonar há anos e de necessitar de prednisona (droga à base de cortisona), tudo isso aumenta muito os seus riscos. Mas nunca é tarde demais para tentar evitar futuras fraturas. Primeiro, você deve tentar eliminar todos os outros fatores de risco, se possível, e prestar atenção ao seu consumo de cálcio. Se você seguir essas medidas durante o tratamento da doença pulmonar com prednisona, poderá ser capaz de limitar os efeitos negativos da droga. Testes de densidade óssea podem dizer-lhe se tem osteoporose e que outros remédios serão necessários no caso.

P: *Um homem de 63 anos pergunta: "Minha mulher foi muito ativa durante a maior parte de sua vida até há alguns meses atrás, quando* *fraturou o pulso enquanto jogava golfe. Ela deve fazer mais testes para determinar se tem osteoporose?"*

Essa pergunta levanta a fundo pontos importantes. Fraturas do pulso são um dos tipos mais comuns de fraturas na osteoporose (ao lado de fraturas da bacia e da espinha). É possível que a causa desse problema seja a osteoporose, especialmente se aconteceu com uma batida leve. Se a força do osso fosse normal, provavelmente uma pequena batida não provocaria uma fratura.

Alguns pontos práticos devem ser considerados. Seu cirurgião ortopedista pode lhe dizer se os ossos têm osteoporose, a partir da Radiografia do pulso, embora isso em muitos casos não seja possível. Se os raios X não lhe derem uma resposta, peça ao seu médico um teste de mapeamento

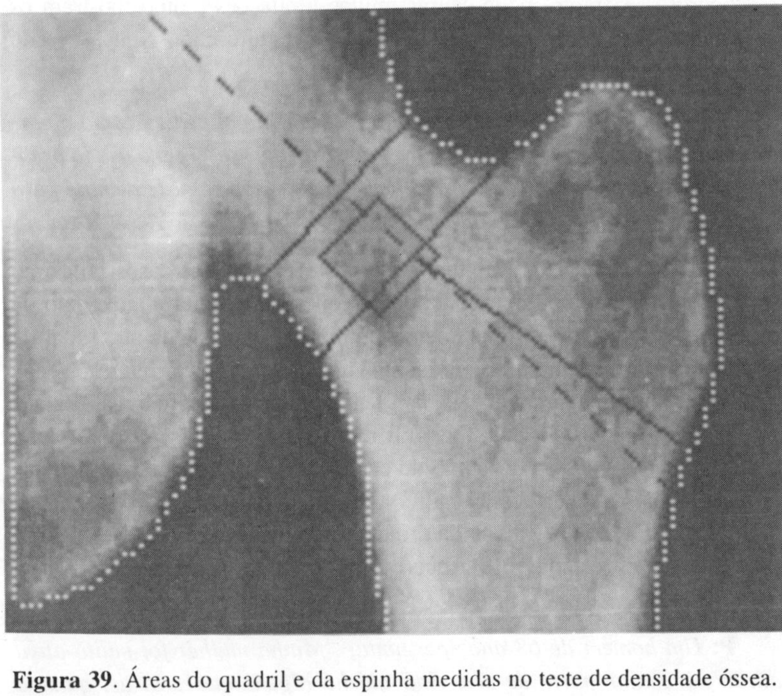

Figura 39. Áreas do quadril e da espinha medidas no teste de densidade óssea.

ósseo ou outros testes para confirmar a existência da osteoporose. Se não forem descobertos outros problemas de saúde, pode ser útil levar em conta medidas específicas para tentar evitar novas fraturas. Lembre-se de que se a fratura do pulso foi causada pelo enfraquecimento dos ossos devido à osteoporose, isso remeteria ao 3º Estágio, o da osteoporose com fraturas (Figura 39). Os ossos gradualmente ficaram menos densos e suficientemente fracos para que acidentes que antes nem seriam notados agora resultem em fraturas. Embora essa fratura do pulso seja o primeiro sintoma que sua esposa apresentou, aconteceu certamente depois de alguns anos do início do processo da osteoporose.

O tratamento para o 3º Estágio foi apresentado no Capítulo Seis. Esse tratamento inclui a remoção dos fatores de risco, adição de cálcio à alimentação e talvez outras medicações. Este é um momento excelente para sua esposa começar a controlar a osteoporose.

P: *Uma senhora de 47 anos pergunta: "Fiz uma histerectomia há alguns anos. Como posso saber se a minha produção de estrógeno é suficiente para deter a osteoporose?"*

Como a senhora fez uma histerectomia numa idade anterior à idade média da menopausa, pode correr sério risco de ter osteoporose caso os ovários também tenham sido removidos. Muitas vezes uma histerectomia é feita por motivos que permitem ao cirurgião deixar um ou dois ovários no lugar. Isso permite a continuidade da secreção do hormônio estrogênio feminino até a época da menopausa.

Se os ovários também tiverem sido removidos (oforectomia), então pode ser prescrita uma terapia com estrógenos, dependendo da situação da paciente. Algumas mulheres não devem tomar hormônio estrogênio devido a possíveis efeitos colaterais. Deixe que o seu médico a oriente. A dose de estrógeno que a maioria dos pesquisadores considera necessária para evitar a osteoporose é normalmente equivalente a 0,625mg por dia de estrógeno conjugado. A dose ministrada perto da época da menopausa mostrou que torna mais lenta a velocidade de rarefação dos ossos, e até pode aumentar levemente a formação de tecido ósseo. O estrógeno é mais eficaz quando tomado logo depois da menopausa. Os primeiros anos após a menopausa parecem ser os mais críticos para a prevenção dos efeitos da perda dos níveis de estrógeno no organismo, sobre os ossos.

Por quanto tempo se deve usar estrógeno? Não se conhece a resposta. Neste momento, estão sendo feitas pesquisas que podem responder a essa questão. Até agora, a maioria dos pesquisadores acha que, se possível, a terapia com estrógeno deve continuar ao menos por dez ou quinze anos. A partir de então, pode-se parar com ela, se se quiser. Se houver efeitos colaterais da terapia com estrógenos, pode-se interromper o tratamento antes. Esse hormônio não deve ser receitado se provocar problemas sérios.

Se por algum motivo você não estiver em condições de fazer uma terapia com estrógenos depois da menopausa, deveria ser mais cuidadosa em eliminar outros fatores de risco da osteoporose. Através de cuidadosa atenção e ação adequada, você conseguirá minimizar os riscos. Se a sua menopausa ocorreu há mais de quinze anos, deixe que o seu médico a ajude a decidir se na sua situação atual é indicada uma terapia com estrógeno.

P: *Uma mãe de adolescentes pergunta: "Minhas filhas estão sempre correndo. Embora eu tente preparar refeições balanceadas com alimentos ricos em cálcio, constantemente elas deixam grandes porções no prato. Como posso ter a certeza de que estarão protegidas em seus anos de crescimento?"*

Como esse problema é comum! Muitas famílias estão tão ocupadas, que as pessoas com freqüência não fazem as refeições juntas. Como vimos no Capítulo Sete, cálcio na adolescência é importante porque permite o pleno desenvolvimento da densidade óssea na maturidade. Se o corpo não dispuser de cálcio suficiente durante esses anos de crescimento rápido, ele não poderá fornecer o suprimento máximo de tecido ósseo para se preparar para a futura perda mais tarde. A pesquisa demonstrou que grande parte do crescimento ósseo acontece durante os anos de adolescência. É difícil prever qual adolescente desenvolverá osteoporose como adulto. Até que se possa fazer uma previsão melhor, os pesquisadores nos dizem que o importante é o bom desenvolvimento dos ossos durante os anos de crescimento rápido. A pessoa não sentirá nenhum efeito na juventude. Mas se o máximo suprimento de tecido ósseo é formado no início da vida, mais resistente à osteoporose essa pessoa será mais tarde.

Nossos inúmeros compromissos, combinados com o paladar pessoal para alimentos, as tentativas de diminuir a ingestão de calorias e de controlar o peso, podem tornar o consumo apropriado de cálcio difícil em certas ocasiões. Certifique-se tanto quanto puder de que sua alimentação lhe dá uma nutrição adequada. Se ainda assim for difícil manter um consumo diário de 1.250mg de cálcio, não hesite em acrescentar um suplemento para os adolescentes. Será útil conhecer o conteúdo de cálcio de vários alimentos, inclusive dos lanches rápidos, como é mostrado nas tabelas contidas no Capítulo Seis. A educação dos adolescentes também pode ser eficaz. Ajude o seu a encontrar formas de assegurar o consumo de cálcio que não seja incompatível com seus desejos de controlar o peso; descobrimos que a maioria dos adolescentes é ansiosa por aprender e é capaz de controlar o cálcio de sua alimentação.

P: *Uma mulher de 34 anos pergunta: "Sou alérgica a leite desde a infância e nunca usei suplementos de cálcio. Mas agora estou preocupada! É tarde demais para eu cuidar da prevenção da osteoporose?"*

É provável que você tenha evitado conscientemente o leite e derivados durante toda a sua vida. Visto que essa é uma das principais fontes de cálcio na nossa alimentação, é certo presumir que você tem um grande fator de risco: o de ter tido baixo teor de cálcio na alimentação durante muitos anos. Isto faz com que seja bem provável que o desenvolvimento dos seus ossos não tenha adquirido a máxima densidade. Como você está se aproximando da maturidade (no que se refere aos seus ossos), pode ter de lidar com uma rarefação óssea maior do que a média. Se desenvolvesse osteoporose mais tarde, teria menos suprimento ósseo no total para agüentar ao longo de toda a sua vida. É melhor desenvolver a maior densidade óssea possível antes da maturidade do que tentar desenvolvê-la depois que alcançamos essa fase.

Você pode ter, de fato, alergia ao leite. Se for esse o caso, terá de evitar todos os produtos à base de leite. É comum ter intolerância pelo leite mesmo sem ser de fato alérgico. Isso significa que uma pessoa pode ter dor de estômago, espasmos, náusea ou diarréia depois de beber leite. Pode não se tratar de uma reação alérgica. A intolerância pode ser causada pelo baixo nível ou pela ausência da enzima lactase, necessária à digestão do leite. Em resultado, há dor abdominal e diarréia. Com o passar dos anos, essas pessoas normalmente aprendem a não consumir laticínios.

Agora há um produto à venda que pode ser acrescentado ao leite e que corrige essa deficiência de lactase. É vendido em drogarias sem prescrição médica e é apresentado em pastilhas ou pílulas que podem ser adicionadas ao leite para evitar esses problemas. Alguns laticínios também acrescentam lactobacilos ao leite, que podem ajudar em alguns casos. Discuta o problema com o seu médico.

Não é tarde demais para você agir na prevenção da osteoporose em anos futuros. Você deve simplesmente acrescentar suplementos de cálcio à sua alimentação como se fala no Capítulo Cinco. Você precisa eliminar quaisquer fatores de risco possíveis e pensar em repor o estrógeno quando estiver na menopausa (em geral, entre 45 e 55 anos). Evitar esse fator de risco pode ajudá-la a proteger-se de uma futura osteoporose, a despeito do seu baixo consumo de cálcio durante toda a vida. Testar a densidade óssea pode ser útil em algum momento para comprovar se há desenvolvimento da osteoporose.

P: *Uma mulher de 29 anos pergunta: "Recentemente, minha avó operou a bacia devido a uma fratura provocada pela osteoporose. Ela tem 74 anos. Como posso saber se tenho osteoporose agora, a fim de evitar toda dor e sofrimento que ela experimentou recentemente?"*

Achamos que o passo mais importante é ter consciência da moléstia. Você está numa idade ideal para prevenir a osteoporose em anos futuros. Dentre os seus fatores de risco há o fato de ser mulher e de ter um histórico familiar de osteoporose. Você precisa analisar outros fatores de risco. Se tiver mais de dois, certamente deve começar a tomar medidas preventivas específicas.

A despeito do seu histórico familiar, testes para avaliação de densidade óssea lhe dirão se desenvolveu a doença, mas não podem prever o futuro. Isso porque os testes não são suficientemente bons para dizer exatamente quanto tecido ósseo está sendo formado e quanto está sendo eliminado na idade de 29 anos. Se o processo que leva à osteoporose já tiver começado, é provável que você esteja no 1º Estágio. A mudança gradual para menos formação de tecido ósseo e mais eliminação do mesmo pode ter-se iniciado. No entanto, neste estágio os ossos são perfeitamente normais e fortes. Mas visto que você corre um risco maior, é importante agir desde já. Se esperar até que possamos fazer o diagnóstico da osteoporose, você terá perdido a oportunidade de prevenir a doença.

A prevenção inclui as medidas delineadas no Capítulo Quatro, abrangendo a remoção dos fatores de risco, uma dieta com um consumo adequado de cálcio e um bom programa de exercícios. Reveja a parte do Capítulo Quatro sobre a prevenção e discuta sua situação com o seu médico para ter a certeza de que está fazendo tudo o que pode.

Mais tarde (normalmente por volta dos 40 anos), será bom fazer um dos testes reveladores de osteoporose para sua paz de espírito. Isso também pode ajudar na orientação de qualquer outro tratamento disponível na ocasião.

P: *Um senhor mais idoso pergunta: "Tenho enfisema e fumei durante a maior parte da minha vida, embora recentemente tenha largado o hábito. Sei que esses são dois fatores de risco para o osteoporose. Pergunto: os homens também têm de se preocupar com essa doença?"*

Como já mencionamos anteriormente, deu-se tanta atenção à osteoporose nas mulheres que a doença pode ser sido deixada de ser observada nos homens. Fraturas de bacia são tão limitadoras, perigosas e caras tanto para homens quanto para mulheres. Aos 90 anos, até 17% dos homens podem ter fraturas de bacia. Se estas e outras fraturas podem ser evitadas, isso resulta em considerável redução de sofrimento e despesas. Fatores de risco comuns em homens que desenvolvem osteoporose são as doenças pulmonares crônicas, tais como enfisema e bronquite. Especialistas em moléstias pulmonares examinam comumente homens e mulheres com osteoporose grave. Pode ser, em parte, conseqüência do tratamento para os pulmões que, em alguns casos, requer remédios como cortisona e afins. Esses remédios aumentam o risco da osteoporose, mas podem salvar a vida desses pacientes. A combinação do fumo, do enfisema e dos remédios à base de cortisona aumenta bastante os riscos. Parar de fumar, tratar da moléstia pulmonar e manter a dose dos remédios à base de cortisona em dosagem mínima pode ser útil. Você também pode ajudar consumindo quantidades adequadas de cálcio, exercitando-se na medida permitida pelo seu médico e removendo quaisquer outros fatores de risco. Testes para verificar densidade óssea podem detectar a osteoporose.

P: *Uma mãe que dera à luz recentemente pergunta: "Tanto minha mãe quanto minha avó têm cifoescoliose e dores quando se movimentam. Como acabei de ser mãe de minha primeira filha, estou preocupada com a possibilidade de ter osteoporose. Como posso proteger a mim e à minha filhinha?"*

Cifoescoliose é uma proeminência na parte superior das costas que dá a aparência de uma corcova. É comum em mulheres de mais idade. Em geral, é causada pela perda de altura dos corpos vertebrais, um sintoma da osteoporose. A forma dos ossos muda e, como conseqüência, também muda a forma das costas. Essa mudança pode ocorrer com ou sem dor nas costas, dependendo da gravidade e dos outros fatores implicados no caso.

Se as mudanças na espinha dos seus parentes forem devidas à osteoporose, seu histórico familiar é bastante positivo no que se refere à doença.

Esse é um fator de risco que não deve ser ignorado. Não é motivo para alarme, mas é motivo suficiente para se preocupar em observar os outros fatores de risco. Você poderia tornar as mulheres da sua família mais conscientes da doença e permitir-lhes a oportunidade de prevenir a osteoporose quando ainda jovens. Não é preciso esperar que ela se torne óbvia.

Você pode se proteger removendo quaisquer outros fatores de risco presentes, assegurando-se da ingestão adequada de cálcio, mantendo um bom programa de exercícios e adotando outras medidas como as mencionadas no Capítulo Quatro.

Sua filha deve consumir a quantidade adequada de cálcio desde pequena. Como menina e adolescente, deve aprender a ter a alimentação apropriada e a fazer exercícios. Se for do tipo que gosta de comer irregularmente, deve ensinar-lhe modos específicos de assegurar uma ingestão apropriada de cálcio, como sugerimos no Capítulo Seis. O pensamento corrente é de que quanto maior o suprimento de massa óssea desenvolvida antes da idade adulta, tanto maior será a resistência dos ossos se surgir a osteoporose.

Sua mãe e sua avó também devem aprender algo sobre a osteoporose. Se elas tiverem a doença, esta estará em estágio avançado, o que leva a supor um grande risco de fratura da bacia. Fraturas de bacia podem ser perigosas e limitadoras, como você pôde ver. Normalmente, exigem internação, talvez uma cirurgia, e isso aumenta bastante o custo dos cuidados com a saúde. Um bom ponto para começar seria rever os fatores de risco descritos no Capítulo Dois. Então, converse com o seu médico sobre testes de densidade óssea e tratamento. Neste estágio, há medidas definidas que podem ser tomadas para retardar o progresso da osteoporose. O tratamento funciona.

P: *Uma mulher de 30 anos pergunta: "O senhor menciona a falta de exercício como o primeiro fator de risco. Este fator é o mais importante para determinar as probabilidades de ocorrer osteoporose?"*

Ainda não se provou que só o exercício pode evitar a osteoporose. De fato, ainda estamos estudando o papel do exercício nesta doença. Mas há alguma informação interessante disponível. Pessoas saudáveis que não fazem exercícios perdem tecido ósseo mais rapidamente. Um bom exemplo disto é a rarefação óssea que acontece com astronautas saudáveis em longas viagens espaciais, em ambiente sem gravidade. Muitos pesquisadores demonstraram que pessoas confinadas ao leito podem desenvolver osteoporose. E, nos animais, atividade e tensão nos ossos parecem afetar o modo como os ossos são formados. A força do osso também é afetada. Há provas de que, se os músculos das costas são fortalecidos, a densidade óssea e a força dos ossos da espinha aumentam. As pessoas que se exercitam regularmente durante um longo período de tempo parecem sofrer menos fraturas.

Atualmente, estão em andamento em vários centros pesquisas para mostrar quanto e que tipo de exercício é necessário para prevenir a osteoporose. Precisamos também saber que espécie de exercícios ajuda a deter a osteoporose, uma vez que ela tenha causado rarefação dos ossos e, conseqüentemente, fraturas.

Enquanto não se fazem novas descobertas, parece razoável salientar a prática de exercícios por várias razões. A maioria dos pacientes capazes de começar e de manter um programa regular de exercício (mesmo que limitado) parece melhorar da doença. A despesa com esse programa é baixa. Você pode fazer a maior parte dos exercícios necessários em casa, a seu critério. Se tiver supervisão e começar o programa lenta e cuidadosamente, poderá manter um programa razoável de exercícios.

P: *Uma jovem pergunta: "Minha avó veio morar com a família. Ela ainda gosta de sair a passeio para caminhar e fazer compras. O problema é que se sente constrangida com a sua postura inclinada, o que parece deixá-la deprimida. Como posso ajudá-la?"*

O mais razoável é confirmar se a postura da sua avó se deve à osteoporose. O médico dela será capaz de dizer se há outros problemas que necessitem de tratamento. Se a osteoporose for o maior problema, então a postura curvada provavelmente é um resultado da mudança do formato dos corpos vertebrais. (Veja a foto da cifoescoliose mostrada na Figura 40.) Se vários corpos vertebrais quadrados forem comprimidos e tomarem o formato de uma cunha, a curva da espinha poderá mudar. Se houver dor, o corpo tenderá a curvar-se para a frente, a fim de diminuir a dor. Isso torna a pessoa mais curvada. Quanto mais se mantiver essa postura, mais difícil será corrigi-la.

O 4º Estágio, o de osteoporose com deformidade, pode ser tão difícil para a família quanto para o paciente. Muitas vezes a dor é considerável, devido às fraturas e à deformidade.

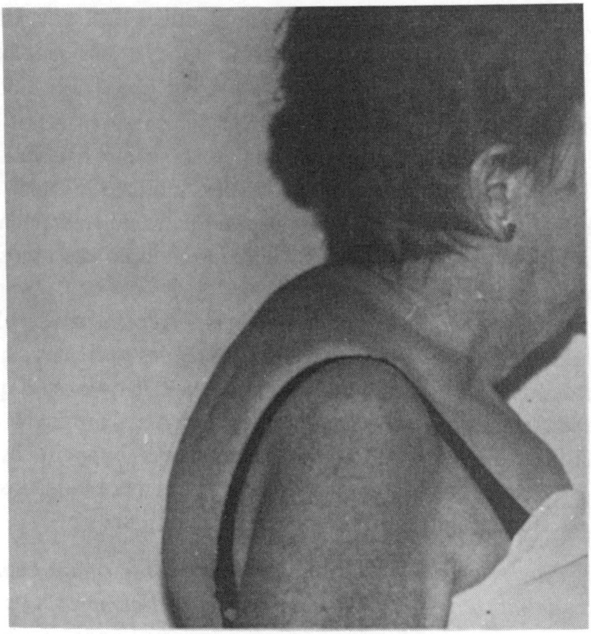

Figura 40. Fotografia de uma mulher que mostra uma cifoescoliose. O problema da dor só pode ser aliviado com remédios fortes. A combinação de dor constante, deformidade e analgésicos podem levar ao desencorajamento e à depressão, que podem se interpor no tratamento. Isso talvez faça a pessoa desistir e achar que nada irá ajudá-la.

Por outro lado, algumas pessoas desenvolvem gradativamente uma postura curvada ao longo de muitos anos, sem sentir muita dor. Exceto pela mudança da forma das costas e pela perda de altura, pacientes com osteoporose podem sentir-se bastante bem.

O tratamento para o 4º Estágio é descrito no Capítulo Cinco. Mesmo que sua avó esteja no 4º Estágio da osteoporose, o tratamento ainda será útil. Essas pessoas sabem que não podem voltar a ser como eram antes. Mas é razoável que tenham um objetivo de melhora para a dor e a mobilidade — melhora suficiente para que possam tornar a se movimentar livremente e a assumir a maioria das atividades diárias com bastante conforto. O modo de atingir essa meta é seguir as diretrizes de tratamento. Nessas diretrizes, ocupa um importante papel o programa de exercícios. A ginástica para as costas fortalece os músculos, e torna as costas mais flexíveis. Esse programa de exercícios precisa ser supervisionado, especialmente no início, para se ter a certeza de que o paciente faz os movimentos de forma correta e com segurança. Normalmente, vemos melhoras quando o programa é seguido. A postura curvada pode persistir, mas a degeneração dos ossos pode ser retardada ou até mesmo detida.

É importante encorajar o paciente. As pessoas com essa doença muitas vezes têm outros problemas que exigem tratamento. A depressão pode ficar mais grave se a dor e a limitação da atividade continuarem. Ocasionalmente, examinamos pacientes com depressão grave que falam em suicídio por causa da dor constante, da limitação das atividades e por se sentirem desencorajados com o futuro. Eles precisam ser convencidos de que é possível uma melhora, para que sejam capazes de iniciar o tratamento adequado. Na verdade, nunca é tarde demais para tratar da osteoporose e tentar evitar futuras fraturas e a limitação de movimentos.

P: *Um homem de 63 anos pergunta: "Recentemente sofri uma grave fratura de tornozelo ao sair do metrô. Deslizei no gelo e meu tornozelo simplesmente cedeu. Estou passando por momentos difíceis na cura e ainda sinto muita dor, mesmo depois de três meses. Meu problema poderia ser osteoporose?"*

Homens também correm o risco de contrair osteoporose. Muitas vezes se deixa de prestar atenção ao fato, visto que, nas mulheres, a menopausa parece ser uma causa muito relevante para a doença. Quando os homens desenvolvem a doença, em geral ela é descoberta numa idade mais avançada do que nas mulheres, e pode não provocar fraturas antes dos 70 anos. Se houver fatores de risco, entretanto, as fraturas podem acontecer muito mais cedo. A partir da sua pergunta, não é possível dizer se você tem ou não osteoporose. Se a queda não foi grave, mas a fratura sim, surge a possibilidade da osteoporose, que pode ter permitido a fratura devido à fraqueza anormal do osso.

Alguns fatores de risco que podem contribuir para a osteoporose masculina são o hábito de fumar e alguns problemas de saúde, como enfizema e bronquite crônica. O consumo excessivo de bebidas alcoólicas também aumenta o risco de osteoporose. Alguns pesquisadores descobriram osteoporose e fraturas na espinha de homens alcoólatras com 30 e 40 anos de idade.

Em seu caso, é importante certificar-se se tem ou não outros problemas sérios de saúde. Algumas moléstias incomuns ou raras podem provocar osteoporose ou fraturas, e necessitam de tratamento específico. Testes de densidade óssea podem revelar se há osteoporose e permitir que você inicie um tratamento.

O processo de cura normalmente não é afetado nos casos de osteoporose. As fraturas em geral saram com o tratamento, a não ser que outros problemas retardem a cura.

P: *Uma mulher de 42 anos pergunta: "Odeio exercícios. A idéia de longas caminhadas ou de jogar tênis não me atrai. Há algo mais que eu possa fazer para ajudar a mim mesma?"*

Você é honesta! Muitos de nós não têm um programa de exercícios. Muitos dos que têm realmente um programa de exercícios não o seguem regularmente. Embora a falta de um programa regular seja um importante fator de risco na osteoporose, é apenas um dentre os muitos fatores de risco.

É melhor tentar incluir algum tipo de exercício na sua atividade. Normalmente, recomendamos 30 a 40 minutos de exercícios de condicionamento físico, ao menos três vezes por semana. Isto pode incluir caminhadas, corridas ou outras atividades. Se não tem tempo e não dispõe de facilidades, tais como um ginásio de esportes ou um clube, nem tudo está perdido. Pense na sua atividade diária. Você será capaz de incorporar uma quantidade razoável de exercícios à sua rotina diária? Por exemplo: você tem escadas no seu trabalho ou em casa? Caminhar até o local de trabalho e subir escadas certamente contará como um exercício de condicionamento físico. Talvez você seja capaz de organizar suas atividades em casa, ou no trabalho, para incluir a subida de escadas ou caminhadas. Use as escadas em vez do elevador ou da escada rolante. Caminhe por trechos curtos em vez de dirigir o carro. Esses são exercícios adequados para manter a forma, se forem feitos pelo tempo apropriado cada semana.

Exercícios de condicionamento físico são importantes por dois motivos. Primeiro, acabam sendo um valioso estímulo natural na formação dos ossos. Além disso, esses exercícios são fáceis e baratos, pois podem ser executados através de atividades rotineiras simples, como caminhar.

Você deve lembrar-se de que mesmo um programa de exercícios mínimo é melhor do que nenhum e deve continuar a fazê-lo, seja qual for a quantidade que consiga executar.

A falta de um programa de exercícios é apenas um dos vários fatores de risco que têm ligação com a osteoporose. Você tem mais de 40 anos, o que aumenta o risco. Se o programa é menos do que ótimo, então terá de fazer planos para melhorá-lo. Se organizar o melhor programa prático para sua agenda e tempo, então sabe que está minimizando esse fator de risco tanto quanto possível. Tenha o cuidado de eliminar outros fatores para evitar a osteoporose.

P: *Uma mulher de 40 anos pergunta: "Tenho 15 quilos de excesso de peso e não há casos de osteoporose na minha família. Há motivos para eu ficar tão preocupada?*

Em primeiro lugar, você tem de compreender que ainda tem dois fatores de risco; ou seja: tem mais de 40 anos e é mulher. Só esses fatores não seriam alarmantes, embora já devessem torná-la cuidadosa quanto a outros fatores de risco. Nosso conhecimento das causas da osteoporose não nos permite dizer-lhe quão importantes um ou dois fatores de risco podem ser para cada pessoa. É provável que haja certos fatores de risco que acabam sendo mais significativos para uma pessoa do que para outra. O problema é que, no momento em que conseguimos entender qual é o maior fator de risco para determinada pessoa, em geral é tarde demais para a necessária prevenção. Portanto, até termos um melhor conhecimento sobre a osteoporose dado pelos pesquisadores, recomendamos remover tantos fatores de risco quantos possível. Quanto menos fatores de risco houver, menos provável será que você possa vir a ter osteoporose. Também recomendamos que siga outros passos que apresentamos para diminuir o risco da osteoporose.

Ter 15 quilos a mais elimina o fator de risco de ter menos peso do que o indicado para a sua altura. Entretanto, se houver outros fatores de risco presentes, tais como baixo teor de cálcio na alimentação ou menopausa precoce, então o risco certamente aumenta.

P: *Uma mãe de 40 anos pergunta: "Minha filha adolescente é corredora de longa distância. Sofreu algumas fraturas que a deixaram fora de corridas importantes. Ela se submeteu a vários exames e o nosso médico* *lhe disse que deveria diminuir o ritmo de corridas. Ela ainda quer participar das Olimpíadas. Há algo que possa fazer?"*

Nos últimos anos, esse problema tem se tornado mais visível em atletas jovens do sexo feminino. Parece que é mais comum em corredoras. Essas atletas sofrem fraturas nos ossos dos pés. Muitas vezes o problema é causado por uma forma de osteoporose. Com o treinamento rígido, principalmente o de corrida a longa distância, os períodos de menstruação podem se alterar ou parar. As mudanças hormonais que provocam isso também provocam a osteoporose, devido aos níveis mais baixos de estrógeno. Com o esforço contínuo do treinamento, as fraturas podem ocorrer, especialmente na parte inferior das pernas e nos pés. Naturalmente, é importante que seu médico leve em conta outras causas para a fraqueza dos ossos.

Não há solução fácil para o caso da sua filha. Atletas como ela são altamente motivadas e bem treinadas. Muitas alcançaram altos níveis de competição em virtude de seus esforços. Essas mulheres poderiam diminuir ou interromper os treinos por completo, mas normalmente para uma atleta essa não é uma solução aceitável. Outros meios possíveis de tratar a osteoporose incluiriam breves períodos de redução de atividade e o uso de cálcio e de hormônio estrogênico. Entretanto, a decisão por um método de tratamento depende de cada caso específico. Essa decisão deve ser tomada junto com o seu médico para se certificar quanto ao melhor tratamento possível a fim de que o treinamento continue com segurança.

P: *Uma mulher de 55 anos pergunta: "Recentemente, senti fortes dores nas costas e descobri que tenho osteoporose com uma fratura numa vértebra na parte inferior da espinha. Também eliminei uma pedra dos rins há um ano. Devo tomar cálcio ou evitá-lo, visto que tive esse cálculo renal?"*

Você tem osteoporose com fraturas, o que indica que ela está no 3º Estágio. Procure o seu médico para se certificar de que não há outras causas para a osteoporose. Em seguida, comece a afastar todos os fatores de risco possíveis, a fim de ajudá-la a minimizar a sua osteoporose. Preste atenção também às sugestões apresentadas no Capítulo Cinco.

Provavelmente, na sua situação não se deve prescrever cálcio. Na verdade, ingerir cálcio pode aumentar a probabilidade de ter cálculos renais. Nesse caso, terá de falar com o seu médico que poderá ajudá-la a decidir se os benefícios do cálcio valem os riscos que terá de correr. Exames de urina e sangue podem ajudá-la nessa decisão.

Que o cálcio seja recomendado ou não, é preciso que resolva sobre o uso de outros tratamentos para osteoporose, visto que você teve uma fratura. Já que cada pessoa é diferente e situações como essa podem apresentar complicações, é muito importante seguir o conselho e a orientação do seu médico.

P: *Um homem de 72 anos pergunta: "Meu médico recomendou que eu fizesse exames para determinar o grau de osteoporose que tenho. Tive várias fraturas e sinto um bocado de dor. Mas fico nervoso com a idéia de ter de me expor à radiação. Há algum perigo nisso?"*

Se as fraturas foram provocadas pela osteoporose, você deve estar no 3º Estágio da doença — osteoporose com fraturas —, ou no 4º Estágio — osteoporose com deformidades e dor crônica. Nunca é tarde demais para começar um tratamento para tentar diminuir o risco de novas fraturas. A próxima poderá ser mais grave, como uma fratura da bacia.

Algumas estatísticas perturbadoras mostram que fraturas de bacia em pessoas mais idosas fazem com que até 20% dos pacientes tenham de ficar internados ou providenciar outro tipo de ajuda durante um ano; 20% não conseguem andar no primeiro ano; e até 50% não recuperam a capacidade de andar tão bem quanto antes da fratura da bacia. Devido aos outros problemas de saúde comuns em pessoas desse grupo etário, até 20% podem morrer no primeiro ano.

Essas estatísticas fazem com que valha a pena tentar evitar futuras fraturas. O tratamento em geral é simples de seguir e seu preço é razoavelmente baixo; comparada com o custo de uma fratura, a prevenção parece muito razoável!

Sua preocupação como os raios X e com a radiação é compreensível. Felizmente, você pode estar certo de que os métodos empregados na maioria dos testes usados atualmente são muito seguros. A exposição à radiação em testes de densidade óssea com raios X de energia dual é mínima e considerada bastante aceitável. É claro que sempre é bom evitar exposição desnecessária à radiação aos raios X.

O valor de um teste para detectar a osteoporose no seu caso seria permitir que o seu médico tivesse uma idéia sobre a gravidade do seu problema. Também permitiria avaliar um pouco quanto o seu tratamento é eficaz. Se o teste for repetido no futuro, depois de um período de tratamento (um ano), será possível acrescentar outros medicamentos, caso se constate progresso na doença.

Outra razão para o médico querer que o teste de osteoporose seja feito, seria para ajudar na decisão quanto a que medicação usar. Alguns remédios utilizados no tratamento do 3º e 4º Estágios da osteoporose têm efeitos colaterais em potencial. Se os exames revelarem osteoporose muito grave, eles poderão ajudar o médico a escolher dentre as medicações disponíveis. Mesmo que não faça o teste de osteoporose, deve começar imediatamente um tratamento.

SUMÁRIO

1. A comunicação com o seu médico é vital no tratamento da osteoporose.
2. As pessoas devem observar cuidadosamente os fatores de risco para a osteoporose e avaliar sua vida para verificar se há aumento no risco de desenvolver a doença.
3. Outras doenças e o tratamento dessas doenças muitas vezes aumentam o risco de se desenvolver a osteoporose.
4. Os estágios da osteoporose são claramente indicados. As pessoas devem definir seu estágio de acordo com a idade e outros fatores, e assumir o controle observando as etapas para a prevenção e tratamento.
5. Nunca é cedo demais para se preocupar em cuidar da saúde do corpo. Tomar consciência da osteoporose, dos fatores de risco, da prevenção, do controle e do tratamento são as chaves para o bem-estar.
6. Com os novos testes de densidade óssea, a osteoporose pode ser detectada muito antes de acontecerem as fraturas. O tratamento funciona para evitar fraturas, aumento nas despesas com a saúde e evita algum tipo de incapacidade no futuro.

CAPÍTULO ONZE

Como viajar quando se sofre de osteoporose

Examinamos regularmente pacientes com osteoporose que imaginam não poder mais viver uma vida ativa e viajar. Esses pacientes tiveram fratura na espinha, na bacia ou em outra área do corpo, e se preocupam por achar que muitas atividades, especialmente as viagens, podem ser perigosas. Por exemplo, atendemos uma senhora de 70 anos que cancelou uma viagem a Israel para ver sua nova neta. Ela estava com muito medo de se acidentar ou de sofrer uma fratura. Outra senhora, com 64 anos, nos falou sobre cancelar um vôo através do país para ir ao casamento do seu único neto, por recear sofrer uma fratura na bacia.

Qual é a resposta? Essas pessoas com osteoporose devem abandonar esse tipo de atividade? Qual o risco implícito nas viagens?

O fato de descobrir que tem osteoporose não é motivo para você limitar suas atividades. Na verdade, como discutimos no Capítulo Sete, o exercício é uma parte importante da prevenção e do tratamento da osteoporose. Caminhar é essencial, além de ser um forte estimulante natural para a formação dos ossos.

Se você sofreu uma fratura devido à osteoporose, é claro que a fratura necessita de tratamento adequado. Seu cirurgião ortopedista lhe dirá quando for seguro reassumir suas atividades costumeiras. Lembre-se de que, com osteoporose, os ossos ficam mais frágeis e podem se quebrar com mais facilidade, mas a fratura será curada com o tratamento. Seu trabalho é evitar uma nova fratura. Os modos de fazer isso são descritos no Capítulo Quatro.

Viajar é uma forma importante de manter a independência, aumentar seu bem-estar e continuar a aprender. Viajar também ajuda você a continuar ativo.

Mesmo com osteoporose, não há limites para viajar, tanto dentro do país como fora dele. A grande maioria dos viajantes internacionais tem mais de 60 anos. Isso ocorre porque esse grupo de pessoas em geral tem tempo e os recursos financeiros necessários para viagens mais longas. Esse grupo etário também inclui aquelas pessoas mais provavelmente afetadas pela osteoporose.

Planeje com antecedência

Há algumas medidas simples que você pode seguir para tornar a viagem mais fácil. Em primeiro lugar, planeje tudo antes de partir. Peça a um agente de viagens para ajudá-lo a escolher uma viagem que se adapte às suas necessidades. Por exemplo: você quer passar um tempo relaxando numa praia, num lugar tranqüilo ou visitar um cidade agitada como Londres? Tente combinar o local com o nível de atividade em que se sinta mais confortável.

Leve pouca bagagem

Leve somente aquilo de que precisa. Tente não ser pego num aeroporto, num hotel ou num ônibus de turismo, com várias malas pesadas de bagagem. Carregar bagagem pesada pode provocar dor e fadiga que podem estragar toda a sua viagem. Lembre-se: nem sempre há pessoas disponíveis para carregar suas malas.

Uma sugestão é levar uma ou duas sacolas pequenas que possa carregar nos ombros. Junte as roupas que planeja levar e, em seguida, ponha na mala apenas a metade delas! Descobrirá que se arranjará muito bem assim, mesmo que isso signifique lavar algumas peças de roupa no seu quarto de hotel, ocasionalmente. Você apreciará a ausência da bagagem muito mais do que sentirá a falta das roupas extras. Tente lembrar-se de que é pouco provável que seja convidado a visitar pessoas da nobreza — e não é necessário levar roupas para cada possível evento! Tente limitar suas sacolas a não mais do que 5 ou 10 quilos de peso total. Você ficará feliz por ter planejado tudo antes!

Peça ajuda no transporte da bagagem

Seu agente de viagens também pode ajudá-lo a escolher viagens fora do horário de pico. Isso lhe dará a certeza de que haverá carregadores para sua bagagem. Com ajuda, você se poupará de carregar peso, o que poderia provocar mais dor nas costas.

Você também deve utilizar um carrinho, para evitar longas caminhadas nos aeroportos, o que muitas vezes pode provocar dor e deixá-lo cansado. Se viajar em horários de pico, achará mais difícil encontrar esse tipo de ajuda nos aeroportos.

Se possível, voe sem escalas

Tente arranjar seus vôos de tal forma que não façam escalas, sempre que possível. Isso significará menos mudanças de avião e, conseqüentemente, carregar menos vezes a bagagem, ficar menos tempo em pé, andando, ou sentado em aeroportos, menor possibilidade de um dos vôos estar atrasado ou ser cancelado. Todas essas situações podem provocar um cansaço maior, mais dor e tirar muito do prazer da sua viagem.

Leve medicação extra

Antes de partir, fale com seu médico para assegurar um suprimento de remédios. Você pode ter problemas para encontrar o remédio certo no lugar de destino, ou talvez tenha de gastar parte do seu tempo procurando uma farmácia que tenha o remédio. Inclua um analgésico para controlar a dor caso ela piore durante a viagem.

Deixe espaço para o seu conforto

Quando subir a bordo de um avião, não hesite em pedir a alguém para ajudá-lo a colocar sua bagagem de mão no compartimento acima do banco. Isso evitará o esforço de erguer o peso. Também deixará mais espaço vago para seus pés e pernas. Esse espaço ajudará a evitar que fique sentado numa posição contraída e desconfortável durante a viagem.

Ande de um lado para o outro no corredor do avião

Numa viagem de avião, descobrirá que a dor e a rigidez pioram quando fica sentado na mesma posição durante certo tempo. Você pode ajudar a controlar isso andando de um lado para outro no corredor do avião, durante

5 ou 10 minutos a cada hora. Isso ajudará a evitar o enrijecimento das pernas e a fadiga.

Mantenha seu programa de exercícios

Não se esqueça de que os exercícios ajudam a mantê-lo flexível, ágil, com músculos fortes. Numa viagem longa, eles são especialmente úteis. Você pode fazer vários dos exercícios mostrados no Capítulo Sete enquanto está sentado na sua poltrona no avião, especialmente os exercícios de braços, pernas e pescoço. Esses exercícios podem ajudar a evitar o enrijecimento, a dor, e a deixá-lo menos cansado quando chegar ao seu destino.

Escolha um hotel que se adapte às suas necessidades

Tente escolher um hotel que se ajuste às suas necessidades. Muitos hotéis agora têm piscinas aquecidas e duchas que você pode usar quando viaja. Lembre-se de que é importante continuar a fazer duas vezes por dia seu programa de exercícios enquanto viaja. Pode não ser tão fácil quanto em casa, e muitas vezes será inconveniente, mas é necessário permanecer tão flexível e forte como quando começou a se exercitar.

Para tornar sua estada mais confortável, muitos hotéis agora têm rampas e entradas que facilitam caminhar. Você pode escolher um hotel que tenha quartos com barras no banheiro, no vaso sanitário ou em outras áreas. Seu agente de viagem pode ajudá-lo a se certificar de conseguir um hotel que atenda às suas necessidades.

Organize o seu itinerário

Quando chegar ao seu destino, organize sua agenda de tal modo que não tenha de fazer tudo num só dia. Procure dividir seus negócios ou passeios turísticos de acordo com o tempo disponível. Se está fazendo a viagem com um grupo, tente escolher um que entenda o valor do descanso e do passeio.

Se ficar muito cansado, talvez precise perder partes do programa para descansar e se recuperar, para depois voltar à plena atividade. Em outras palavras, aprenda a dividir sua agenda de compromissos de tal modo que não canse rápido demais durante a viagem. Se fizer isto, descobrirá que vai realizar quase o mesmo que as outras pessoas, mas não terá de sofrer mais dor, enrijecimento e fadiga.

Proteja suas costas e juntas

Enquanto estiver viajando, proteja suas costas e juntas. Tente evitar tensão e esforço desnecessário nessas áreas, com algumas medidas preventivas. Por exemplo, num ônibus, avião ou trem, sente-se com as nádegas contra o encosto e com as costas retas, não curvadas para a frente. Há menos pressão na espinha quando nos sentamos eretos nessa posição do que quando nos sentamos recostados. Se houver menos pressão nas costas, provavelmente haverá menos dor e enrijecimento.

Outra maneira simples de proteger suas costas e juntas é evitar levar sacolas pesadas. Prefira bagagem leve e peça ajuda para remover as malas.

Se planeja visitar museus ou outros locais turísticos, tente evitar levar equipamento pesado, câmeras ou outras sacolas pesadas. Isso acrescenta um peso à suas costas e juntas e pode aumentar muito o seu cansaço antes de o dia terminar. Se caminhar é cansativo demais ou provoca dor, não hesite em alugar uma cadeira de rodas ou uma charrete. Você não deixará de ver as paisagens, e poderá acompanhar os outros. E ainda estará muito mais descansado no final do dia e a qualidade da sua noite será muito melhor.

Há muito mais exemplos de maneiras inteligentes de viajar, de modo que possa andar e fazer tudo o que quiser sem provocar muita dor, enrijecimento e fadiga. Enquanto viaja, tente pensar num jeito específico que lhe permita participar de todas as atividades sem causar excesso de tensão e esforço em suas costas e juntas. Essas são as chaves para viajar com êxito mesmo tendo osteoporose e outras condições dolorosas de saúde.

SUMÁRIO

1. Viajar é importante para a independência da pessoa. O diagnóstico de osteoporose não é motivo para desistir das oportunidades de diversão e aprendizado.
2. Planeje com antecedência. Tente viajar sem escalas, se puder, e fale com seu agente de viagens sobre vôos fora do horário de pico, de modo que possa conseguir facilmente ajuda com a sua bagagem.

3. Leve bagagem leve. Quanto menos bagagem levar, menos tensão e esforço para o seu corpo.
4. Leve remédios extras. Alguns remédios receitados pelo seu médico são difíceis de encontrar no exterior; portanto, é melhor estar preparado para emergências.
5. Organize suas atividades. Não tente conhecer o mundo num só dia! Descanse com freqüência e compreenda que pode passear no dia seguinte... se estiver descansado.
6. Exercite-se mesmo durante a viagem. Ande de um lado para outro no corredor do avião, para descontrair as juntas. Siga os exercícios do Capítulo Sete, duas vezes por dia, e aproveite o conforto dos hotéis, tais como duchas, piscinas aquecidas ou fontes de água.

Glossário

Antiácido Uma das muitas medicações ou produtos que neutralizam ácido.

Artrite reumatóide Uma forma de artrite (normalmente de longa duração) com dores nas juntas, rigidez e inchaço das juntas, que pode afetar mãos, pulsos, ombros, joelhos, quadris, tornozelos, pés e outras juntas.

Biópsia endometrial Uma amostra tirada da parede interior do útero.

Bronquite crônica Inflamação dos tubos bronquiais, de longa duração, e que muitas vezes provoca tosse e dificuldade para respirar.

Cálcio Elemento químico importante para o corpo na formação dos ossos.

Calcitonina Hormônio que pode diminuir a velocidade da rarefação óssea, algumas vezes usado no tratamento da osteoporose.

Cifoescoliose A proeminência da parte superior das costas, em geral vista em mulheres mais velhas.

Cortisona Remédio que tem sido amplamente usado para tratamento de várias doenças. Hoje é mais comum o uso de derivados, especialmente a prednisona.

Cúbito O mais longo dos dois ossos do antebraço, e que fica do mesmo lado que o dedo mínimo.

Densidade óssea A quantidade ou massa de tecido ósseo presente em certo volume de ossos.

Diabetes melito Doença que implica diminuição ou falta de insulina, e taxas anormalmente altas de glicose no sangue.

Dor crônica Dor ou mal-estar que perdura durante longo tempo ou retorna; resiste muitas vezes ao tratamento.

Dual Energy Photon Absorptiometry Um teste que permite a medição da massa óssea da espinha, da bacia ou das outras áreas e que, portanto, pode avaliar se existe osteoporose.

Embolia Movimento de um coágulo de sangue de uma veia para bloquear um vaso sangüíneo no pulmão.

Enfisema pulmonar Doença pulmonar que diminui a respiração, o que implica aumento dos espaços de ar e destruição de partes dos pulmões.

Espinha lombar A porção inferior da espinha, abaixo da espinha torácica.

Espinha torácica A parte central da espinha, acima da espinha lombar e abaixo da espinha cervical.

Estrógeno Um dos hormônios sexuais femininos; é produzido pelos ovários e é importante para a formação dos ossos nas mulheres.

Exercícios de condicionamento físico Atividade que considera a força do peso do corpo sobre o esqueleto, como caminhar, correr, subir escadas e outras atividades.

Fêmur O osso da coxa que vai do joelho até a junta do quadril.

Fluoreto Elemento químico que se usa às vezes para tratar a osteoporose.

Fratura Quebra em um osso.

Fratura de compressão na espinha Fratura numa das vértebras da espinha, na qual a aparência normalmente retangular é encurtada ou comprimida para um tamanho menor.

Fratura de compressão vertebral Fratura com compressão de uma vértebra espinhal de tal forma que o osso fica com aparência abaulada.

HipertireoidismoCondição em que há excesso de hormônio tireóidico no organismo.

Histerectomia Remoção do útero através de cirurgia.

Infarto do miocárdio Dano ou morte de parte do músculo do coração por perda do suprimento de sangue, comumente denominado "ataque cardíaco".

Lactose Um açúcar no leite que tem de ser digerido pelas enzimas do corpo.

Menopausa O período em que ocorre o encerramento da menstruação nas mulheres, normalmente entre 45 e 55 anos, quando a produção de estrógenos dos ovários diminui ou cessa.

Osteoporose Doença dos ossos em que a densidade do osso diminui devido ao decréscimo da quantidade de tecido ósseo presente.

Ovário Uma das glândulas reprodutoras femininas que produz óvulos e hormônios sexuais femininos, entre outras coisas.

Pélvis Os ossos formados pelo anel de ossos que sustentam a espinha.

Progesterona Um dos hormônios sexuais femininos; entre outras coisas, ele ajuda a regular o ciclo menstrual.

Rádio O mais curto dos dois ossos no antebraço, e que fica do mesmo lado que o polegar.

Tomografia computadorizada quantitativa Exame feito por computador que permite medir volumes de ossos na espinha, a fim de avaliar a densidade óssea e, assim, verificar se há osteoporose.

Tratável Que pode ser tratado médica ou cirurgicamente.

Tromboflebite Inflamação de uma ou mais veias que podem também estar associadas com um coágulo sangüíneo na veia.

Úlcera péptica Ulceração que atinge a parede do estômago ou do duodeno.

Útero O órgão feminino no qual se desenvolve o feto.

Vapor quente Calor aplicado usando-se água ou fontes como chuveiro, ducha, banheira, toalhas molhadas ou outros métodos afins.

Vértebra Cada um dos ossos da coluna espinhal.

Vitamina D Um dos muitos nutrientes necessários para o corpo usar o cálcio na formação dos ossos.

VENCENDO A DOR NAS COSTAS

Harris H. McIlwain e outros

Se a dor nas costas impediu que você executasse bem o seu trabalho, que aproveitasse tranqüilamente o seu tempo de lazer ou limitou suas possibilidades de viajar, este livro é para você.

Escrito por cinco dos maiores especialistas em dores nas costas, este guia conciso lhe dará informação completa e inteligível para que possa entender o seu problema e optar pelo melhor tratamento. O ponto central deste manual é o *plano de duas semanas para alívio imediato e duradouro da dor nas costas* do dr. McIlwain, cuja eficácia já foi comprovada.

Você encontrará aqui:

- um plano que garante alívio rápido, baseado em exercícios suaves, diários, que podem ser executados por doentes de qualquer faixa etária;
- os mais eficazes métodos de tratamento;
- um capítulo especial sobre o que se deve e o que não se deve fazer em caso de viagem quando se sofre de dores nas costas.

* * *

Os autores – Harris H. McIlwain, Joel C. Silverfield, Michael C. Burnette e Bernard F. Germain – são médicos e praticam em Tampas, na Flórida. Eles se especializaram no tratamento da osteoporose, das dores nas costas e da artrite. Debra F. Bruce é escritora especializada na área da saúde, com numerosos artigos publicados em revistas e livros. Eles também são autores de *Vencendo a Osteoporose*, já publicado pela Editora Cultrix.

EDITORA CULTRIX

GUIA PRÁTICO DE TERAPÊUTICA EXTERNA

Métodos e procedimentos terapêuticos de grande simplicidade e eficácia

Dr. José Maria Campos
(Clemente)

As práticas terapêuticas externas, desenvolvidas até certo ponto em épocas passadas, dão-se hoje a conhecer como um potente instrumento de cura e amplo campo de investigações. Com a aproximação entre o mundo material e o mundo imaterial, que atualmente começa a realizar-se, pode-se atingir com maior facilidade certos nódulos, contraparte sutil das doenças, especialmente pelo uso dessas técnicas naturais.

Assim, o Dr. José Maria Campos, um dos autores de PLANTAS QUE AJUDAM O HOMEM, traz agora um guia prático, fruto de seu trabalho e pesquisa nesse setor da medicina. Nesta obra, apresenta indicações para o uso de algumas plantas, sugestões para o preparo e emprego de compressas, cataplasmas, pedilúvios, banhos de imersão, lavagens intestinais e aplicações de argila. Acrescenta, também, orientações sobre a elaboração de chás, pomadas, tinturas e outros produtos, bem como esclarece pontos importantes sobre o manuseio de plantas medicinais.

CULTRIX / PENSAMENTO

A CURA PELAS MÃOS

Richard Gordon

O equilíbrio da energia polarizada é reconhecido como um dos mais poderosos instrumentos na manutenção da saúde integral devido à sua simplicidade e eficácia. É sutil, fácil de ser aprendido e, assim mesmo, inacreditavelmente eficaz. A utilização das correntes naturais da força vital que fluem através de nossas mãos possibilita a liberação das correntes de energia que acompanham os sintomas das doenças e a restauração do equilíbrio e da saúde.

"*A Cura pelas Mãos* é a primeira publicação no gênero dirigida tanto aos leigos como aos profissionais que possuam as habilidades vitais necessárias ao sistema de cura naturalista e integral. Todos podem perceber os extraordinários benefícios dessas técnicas dinâmicas que, pela força de sua eficácia, vêm recebendo respeito tanto dos amadores quanto dos profissionais. Trata-se de uma obra amplamente recomendada pela Federação Internacional da Polaridade."

Alan Jay,
Diretor da International Polarity Foundation.

EDITORA PENSAMENTO

CURAR, CURAR-SE

Richard Carlson, Ph. D. e Benjamin Shield (orgs.)

Vivemos numa época que oferece o maior número de técnicas, especializações e modalidades de cura do que qualquer outra. O que a maioria das terapias provê é um veículo para transmitir uma forma extremamente básica e vigorosa de cura. Mas, no processo de cura, existem elementos que ultrapassam a técnica. Em lugar de explorar as diferenças entre essas terapias, os organizadores desta antologia optaram por buscar o denominador comum ou "fator vital" que une todos os agentes e métodos de cura em todas as épocas.

O objetivo deste livro é definir e estimular esse denominador comum da cura. Com esse propósito, foram convidados praticantes das mais diversas escolas de pensamento para compartilhar suas idéias. Cada uma das partes em que se divide esta antologia forma um todo coerente e, em meio à exuberante variedade de opiniões, as linhas comuns da cura se fazem visíveis.

O leitor identificará como temas fundamentais deste livro: o que é a cura e como acontece; o poder da cura interior; o que procurar num terapeuta; a função da espiritualidade na cura; o efeito impressionante das emoções; o amor como força curativa; cura e morte; a percepção de que a cura é o nosso estado natural.

* * *

Os organizadores

Benjamin Shield, bacharel em ciências bioquímicas e biologia pela Universidade da Califórnia, trabalha em nível de pós-graduação na Escola de Medicina da Universidade de Boston.

Richard Carlson, Ph. D., é doutor em psicologia pela Universidade de Sierra, em San Francisco, Califórnia, e autor de livros sobre auto-aperfeiçoamento e crescimento espiritual.

EDITORA CULTRIX

Outras obras de interesse:

VENCENDO A DOR NAS COSTAS
Harris H. McIlwain e *outros*

A AURA DAS MÃOS E O DESENVOLVIMENTO DO SER HUMANO
Matthias Mala

BENEFÍCIOS TERAPÊUTICOS DA ACUPRESSURA
F. M. Houston

CURA ENERGÉTICA - O poder sutil e curador das mãos
Silvio Camargo

CURAS PELA QUÍMICA OCULTA - Realidades suprafísicas na medicina
Dr. José Maria Campos (Clemente)

CURA PELA MEDICINA NATURISTA
Dr. Jaime Scolnik

CURA PRÁTICA PELA ÁGUA
Yogue Ramacháraca

ENERGÉTICA DA ESSÊNCIA (CORE ENERGETICS)
John C. Pierrakos, M.D.

EXERCÍCIOS CHINESES PARA A SAÚDE
Dr. Cho Ta Hung

A FORÇA CURATIVA DA RESPIRAÇÃO
Marietta Till

HARA - O Centro Vital do Homem
Karlfried Graf Dürckheim

MANUAL DE HOMEOPATIA E MEDICINA NATURAL
Dr. C.H. Sharma

MEDICINA VIBRACIONAL
Richard Gerber

T'AI CHI CH'UAN PARA A SAÚDE
Martin e *Emily Lee - Joan Johnstone*

MÃOS QUE CURAM
J. Bernard Hutton

O LIVRO BÁSICO DOS CHAKRAS
Naomi Ozaniec

ACUPUNTURA CLÁSSICA CHINESA
Tom Sintan Wen

Peça catálogo gratuito à
EDITORA CULTRIX
Rua Dr. Mário Vicente, 374 - Fone: 272-1399
04270-000 - São Paulo, SP